呑ませる肉料理

プロの技法＆レシピ100品

BEEF・PORK・LAMB・CHICKEN
and others

旭屋出版

BEEF, PORK, LAMB, CHICKEN...

Dishes with Alcoholic Drinks

はじめに

肉バルに肉ビストロ、肉フェスと、肉ブームの勢いはいまだ衰えを知りません。
肉。魚料理や野菜料理の繊細さももちろん魅力的ですが、肉には心躍る圧倒的な力があります。
さらには、“呑む”ことに焦点をあてれば、肉ほど心満たされるつまみはありません。レストランでも居酒屋でも、スペシャリテや看板メニューに圧倒的に多いのは肉の料理です。
そうした“肉”をメインに、“呑ませる肉料理”を、和、洋、中…とジャンルを問わず、ただただ酒に合う肉料理を集めたのが本書です。
肉の料理に定評がある16店のシェフや料理人の方々に、酒を呑ませることを念頭に、自身の料理をそれぞれ5～8品ずつ選んでもらい、そのレシピと技術を公開していただきました。
骨太なメインディッシュから、遊び心あふれるつまみ、定番ながら他にはない唐揚げや串焼きまで、合計100品のメニューが出揃いました。
各店のシェフや料理人の方々のメニューづくり、味づくりを知ることで、読者の皆さまの肉料理のバリエーションを広げる手助けができれば、これほどうれしいことはありません。
一方の酒。呑ませる肉料理があるからには、おいしいお酒が必要不可欠です。
今回、取材を通して多く出会ったのは、自然派ワインや純米酒、クラフトビールなど、造り手の顔が見える酒です。自身の料理に寄り添わせる酒として、よりナチュラルなもの、個性のあるものを選ぶ傾向が強くなっているようです。
おいしい肉の料理においしい酒、その合わせ方の可能性もまだまだ広がっていくはずです。

CONTENTS

BEEF

● 牛

10	牛リブロース　ゴボウのマデラ酒煮	神奈川・横浜『restaurant Artisan』
12	ウッドプランクステーキ	神奈川・横浜『restaurant Artisan』
14	黒毛和牛とウニのタルタルステーキ	神奈川・横浜『restaurant Artisan』
16	関村牧場 あか毛和牛もも肉のロースト ソースボルドレイズ	東京・池尻大橋『wine bistro apti.』
18	のざき牛のスパイス炒め	大阪・西天満『Az/ ビーフン東』
20	ぶつ切りハラミのロースト	東京・茅場町『L'ottocento』
22	フランス産仔牛レバーのソテー　栗のハチミツソース	神奈川・横浜『restaurant Artisan』
24	牛タン西京味噌焼き	東京・外苑前『モツ酒場　kogane』
26	牛テールのハンバーガー	大阪・本町『gastroteka bimendi』
28	肉みそ豆腐	東京・神楽坂『十六公厘』
30	肉玉	東京・神楽坂『十六公厘』
31	牛肉と竹の子のすき焼天プラ	東京・三軒茶屋『コマル』
32	和牛コンビーフ	東京・渋谷『酒井商会』
34	牛すじ	東京・渋谷『酒井商会』
35	牛肉とごぼう、ドライトマトのきんぴら	東京・渋谷『酒井商会』
36	黒毛和牛の唐揚げ	東京・学芸大学『听屋焼肉』
37	黒毛和牛餃子	東京・学芸大学『听屋焼肉』
38	霜降り牛の生春巻き	東京・学芸大学『听屋焼肉』
40	牛ハツのタリアータ　手巻きサラダ	東京・西小山『fujimi do 243』
42	トリッパとパクチーのサラダ	埼玉・ふじみ野『Pizzeria 26』
44	白センマイとクルミのサラダ	東京・外苑前『モツ酒場　kogane』
45	牛ハツのタタキとパクチーのヤム風サラダ	東京・外苑前『モツ酒場　kogane』
46	ハチノスのカルパッチョ風	東京・西小山『fujimi do 243』
47	あったかい牛すじポン酢	東京・学芸大学『听屋焼肉』
48	谷中生姜の牛タン巻き	東京・外苑前『モツ酒場　kogane』
49	リードヴォーとトウモロコシのかき揚げ	東京・外苑前『モツ酒場　kogane』
50	アルティザン　モツの煮込み	神奈川・横浜『restaurant Artisan』
52	ランプレドット（フィレンツェ風もつ煮込み）	東京・外苑前『モツ酒場　kogane』
54	牛タンと白インゲン豆のトマト煮	東京・学芸大学『听屋焼肉』
56	牛タン Lemon	東京・茅場町『L'ottocento』
58	クッパ風辛い雑炊	東京・学芸大学『听屋焼肉』

PORK

豚

60	角煮と酒粕とブルーチーズ	東京・渋谷『酒井商会』
61	彩り野菜と角煮の甘酢和え	東京・三軒茶屋『コマル』
62	焼ナスの豚しょうが煮おろし	東京・三軒茶屋『コマル』
64	自家製腸詰	東京・神楽坂『十六公厘』
66	ツブ貝の担々焼売	大阪・西天満『Az/ ビーフン東』
67	三元豚粕味噌焼き	東京・六本木『ぬる燗佐藤』
68	厚切り豚唐揚げ にんにくソース	東京・神楽坂『十六公厘』
70	豚舌（トンタン）のカツレツ	東京・西小山『fujimi do 243』
72	ジュウバーの肉団子	東京・神楽坂『jiubar』
74	酢豚	東京・神楽坂『jiubar』
76	自家製 焼豚（チャーシュー）	東京・神楽坂『jiubar』
78	春キャベツの回鍋肉	東京・神楽坂『jiubar』
80	回鍋肉 Az スタイル	大阪・西天満『Az/ ビーフン東』
82	レバみそ炒め	東京・神楽坂『十六公厘』
84	レバニラ	東京・神楽坂『jiubar』
86	モツの麻辣煮込み	東京・神楽坂『jiubar』
88	巨大豚のトロトロ煮込み	東京・茅場町『L'ottocento』
90	大山豚の熟成肉そば	東京・三軒茶屋『Bistro Rigole』
92	豚肉屋のナポリタン	東京・神楽坂『jiubar』
94	ピーチ、自家製サルシッチャとブロッコリーのソース	東京・西小山『fujimi do 243』
97	サルシッチャ・リモーネ	埼玉・ふじみ野『Pizzeria 26』
98	fujimi 丼 243（トロトロ塩豚煮&味たまご　フキミソ添え）	東京・西小山『fujimi do 243』
100	アミューズ・ミスト（チチャロン・豚煮こごりのグジェール・そら豆のダックワーズ）	埼玉・ふじみ野『Pizzeria 26』
102	ソプレッサータ（豚のゼリー寄せ）	埼玉・ふじみ野『Pizzeria 26』
104	豚タン冷菜ねぎソース	東京・神楽坂『十六公厘』
105	モツ煮込みソーセージ	東京・三軒茶屋『Bistro Rigole』
108	ブーダンブラン（白いソーセージ）	東京・外苑前『モツ酒場　kogane』
110	田舎風ブーダンノワールのテリーヌ	東京・池尻大橋『wine bistro apti.』
113	フォアグラ入り美食家のパテ	東京・池尻大橋『wine bistro apti.』
116	豚頭肉のポテトサラダ	東京・三軒茶屋『Bistro Rigole』

LAMB

羊

120 仔羊モモ肉のロースト 埼玉・ふじみ野『Pizzeria 26』
122 仔羊のクスクス 東京・池尻大橋『wine bistro apti.』
126 羊のフリット　藁の風味のベシャメルソース 大阪・本町『gastroteka bimendi』
128 仔羊のギョーザ 東京・三軒茶屋『Bistro Rigole』
130 羊香水餃（ラム肉とパクチーの水餃子） 東京・御徒町『羊香味坊』
132 烤羊背脊（ラムスペアリブ炭火焼き） 東京・御徒町『羊香味坊』
134 口水羊（よだれラム） 東京・御徒町『羊香味坊』
136 山椒羊肉（ラム肉炒め（山椒）） 東京・御徒町『羊香味坊』
137 葱爆羊肉（ラム肉と長葱の塩炒め） 東京・御徒町『羊香味坊』
138 羊肉串（ラムショルダー串焼き） 東京・御徒町『羊香味坊』
139 手扒羊肉（茹でラム肉） 東京・御徒町『羊香味坊』
140 仔羊のしっとり焼き 東京・茅場町『L'ottocento』

CHICKEN

鶏

144 みつせ鶏唐揚げ 東京・渋谷『酒井商会』
146 チキン南蛮 東京・神楽坂『十六公厘』
148 モルーノのフライドチキン 大阪・本町『gastroteka bimendi』
150 鶏の唐揚げ（四川唐辛子とスパイス炒め） 大阪・西天満『Az/ ビーフン東』
152 砂肝ガーリック 東京・神楽坂『十六公厘』
154 焼きせせりと湘南ごぼうのリゾット　甘夏のソース 東京・西小山『fujimi do 243』
156 大山鶏の柚子塩焼き 東京・六本木『ぬる燗佐藤』
157 青ネギたっぷり大山鶏パリパリ天ぷら 東京・六本木『ぬる燗佐藤』
158 鶏つくね磯辺タレ焼き 東京・六本木『ぬる燗佐藤』
160 地鶏とイカシソの焼売／地鶏と椎茸の焼売 東京・三軒茶屋『コマル』
162 鶏モモと椎茸、鰯のパイ包み 埼玉・ふじみ野『Pizzeria 26』
165 純レバーのニラレバ串 東京・三軒茶屋『コマル』
166 鶏レバームース 東京・池尻大橋『wine bistro apti.』

168 ホワイトレバーのオープンサンド 東京・三軒茶屋『Bistro Rigole』
170 大人のレバーパテ 東京・茅場町『L'ottocento』
172 鶏だし五目茶碗蒸し 東京・渋谷『酒井商会』

OTHERS

鴨・猪・鹿・加工肉

174 フォアグラのエスプーマと豚のリエットのカップ 大阪・本町『gastroteka bimendi』
176 鴨の肉まん 東京・三軒茶屋『Bistro Rigole』
178 鴨のコンフィと自家製ソーセージのカッスーレ 東京・池尻大橋『wine bistro apti.』
181 鴨のロースト じゃが芋 オレンジ 大阪・本町『gastroteka bimendi』
182 鹿ラグー極太麺 東京・茅場町『L'ottocento』
184 猪の雲白肉（ウンパイロウ） 大阪・西天満『Az/ ビーフン東』
185 イベリコ豚のローストポークとじゃが芋 大阪・本町『gastroteka bimendi』
186 豚もつのソーセージを挟んで焼いたジャガイモのガレット 神奈川・横浜『restaurant Artisan』
188 ハンペンチーズハムカツ 東京・三軒茶屋『コマル』
189 ゴルゴンゾーラのハムカツ 東京・六本木『ぬる燗佐藤』

SHOPS

192 大阪・西天満『Az/ ビーフン東』
193 神奈川・横浜『restaurant Artisan』
194 東京・池尻大橋『wine bistro apti.』
195 東京・外苑前『モツ酒場　kogane』
196 東京・三軒茶屋『コマル』
197 東京・渋谷『酒井商会』
198 東京・六本木『ぬる燗佐藤』
199 東京・神楽坂『jiubar』
200 東京・神楽坂『十六公厘』
201 埼玉・ふじみ野『Pizzeria 26』
202 大阪・本町『gastroteka bimendi』
203 東京・西小山『fujimi do 243』
204 東京・学芸大学『听屋焼肉』
205 東京・御徒町『羊香味坊』
206 東京・三軒茶屋『Bistro Rigole』
207 東京・茅場町『L'ottocento』

本書を読む前に

・本書で紹介している各店の情報、メニューの内容、価格などは2019年6月現在のものです。
・メニューは、季節や仕入れによっての変更もあり、常に提供しているとは限りません。
・材料の分量の「1皿分」は、各店の提供スタイルを基準にしています。必ずしも1人分ではありません。
・「適量」「少々」とあるものは味を見ながら適宜調整してください。
・加熱時間や加熱温度、火加減などは各店で使用している調理機器を使った場合のものです。
・掲載している原価率は使用食材や仕入れ価格によって変動しますので、あくまでも目安として参考にしてください。

BEEF

牛リブロース ゴボウのマデラ酒煮

神奈川・横浜『restaurant Artisan』

売価：3800円　原価率：35%　部位：牛リブロース

マデラ酒で甘く煮たごぼうをソースにする牛肉のグリル。肉の火入れは最初にオーブンで肉を休ませながらゆっくり温め、最後に直火で焦げるくらいまで焼くのがポイント。この香ばしさがごぼうの土の香りにマッチし、野生味あふれる力強い味が生まれる。ポルト酒の甘さに負けないようソースに塩、胡椒はしっかり利かせる。

材料／１皿分

牛リブロース肉（固まり）… 200g
ニンニクオイル … 適量
塩、黒胡椒 … 各適量
●ごぼうのマデラ酒煮
ごぼう … 適量
オリーブオイル … 適量
ポルト酒 … 適量
フォンドヴォー … 適量
塩、胡椒 … 各適量
バター … 適量

葉玉ねぎ … １個
オリーブオイル … 適量

作り方

1 ごぼうのマデラ酒煮を作る。ごぼうは泥を落として小口切りにし、高温に熱したオリーブオイルで素揚げにし、キッチンペーパーで油を切る。（写真 a）
2 ごぼうを鍋に入れ、ポルト酒、フォンドヴォーを加えて煮つめていく。（写真 b）
3 牛リブロース肉を焼き網を重ねたバットにのせ、全面にニンニクオイルをぬり、300°Cのオーブンに３分入れる。いったん取り出して裏に返し、オーブンに戻して３分焼く。（写真 c）
4 オーブンから取り出し、５分ほど休ませてから芯温をはかり、35°Cくらいになっていたら、片面に塩、黒胡椒をふり、溶岩石グリルの焼き網にのせ、こまめに返しながら焼き色をつけていく。（写真 d ～ f ）
5 肉を焦がすくらいまで焼き、バットに取り、５分休ませる。
6 付け合わせの葉玉ねぎをオーブンで焼く。
7 ②のマデラ酒煮に塩、胡椒を加えて味を調え、バターでモンテする。（写真 g）
8 焼き上がった肉をカットして器に盛り、ごぼうのマデラ酒煮をかけ、葉玉ねぎをのせ、オリーブオイルを回しかける。

POINT
・ごぼうは香りを生かすため、皮付きのまま使用する。
・肉は最終的に芯温 45℃くらいのレアに仕上げる。溶岩石の直火で炙ることで、燻しの香りも付き、表面がカリッと香ばしくなる。

Chef's comment

合わせたワインは 2007 年のサンテミリオンの赤。少し熟成がかかってきて、ソースの甘さや肉のどっしりとした味わいによく合います。

a

b

c

d

e

f

g

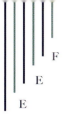

ウッドプランクステーキ

神奈川・横浜『restaurant Artisan』

売価：4500円　原価率：35%　部位：牛リブロース

木の板ごと焼いて提供する話題のウッドプランクステーキ。アメリカのバーベキュースタイルを取り入れて、バーボンを染み込ませた板で燻しながら客席へ。ワイルドな演出もさることながら、スモーキーな香りが加わったステーキの味わいが斬新。ステーキとバーボンという組み合わせで楽しむお客も多い。

材料／1皿分

牛リブロース肉 … 200g
ニンニクオイル … 適量
塩、黒胡椒 … 各適量
＊バーボン（イーグルレア）… 適量
木の板（桜）… 1枚

●ソース

白ワイン … 適量
フォンドヴォー … 適量
＊ニンニクコンフィ … 適量
塩、胡椒 … 各適量

皮付きじゃが芋のグリル … 1個

＊イーグルレア

バーボンは焦がしたオーク樽で熟成させる蒸留酒。複雑で力強い香りを持つ「イーグルレア」を使う。

＊ニンニクコンフィ

ニンニクの皮をむき、オリーブオイルでゆっくり煮て、オイルに漬けたまま保存する。

作り方

1 牛リブロース肉を焼き網を重ねたバットにのせ、全面にニンニクオイルをぬり、300℃のオーブンに3分入れる。いったん取り出して裏に返し、オーブンに戻して3分焼き、5分ほど休ませる。
2 片面に塩、黒胡椒をふり、溶岩石グリルの焼き網にのせ、こまめに返しながら焼き色をつけていく。肉を焦がすくらいまで焼いたら、バットに取り、5分休ませる。
3 ソースを作る。小鍋に材料を合わせて煮つめ、塩、胡椒で味を調える。
4 木の板にバーボンをぬって染み込ませ、②をカットしてのせ、板ごと溶岩石グリルの焼き網で焼く。（写真a～c）
5 板に火が移ったら、板ごと石を敷いたトレーにのせ、皮付きでグリルしたじゃが芋を添える。ソースを添えて客席へ。（写真d）

POINT ソースは肉の味を邪魔しないよう白ワインベースに。丸ごとのニンニクコンフィをアクセントにする。

a

b

c

d

Chef's comment

バーボンを染み込ませた木板ごと提供することで、スモーキーな香り、バーボンの香りが最後まで楽しめます。

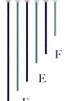

黒毛和牛とウニのタルタルステーキ

神奈川・横浜『restaurant Artisan』

売価：3800円　原価率：60%　部位：牛ヒレ

牛肉×ウニの組み合わせでタルタルステーキに。和牛ヒレ肉の極上の肉の旨さに、旨み成分たっぷりの生ウニがソースとなり、より贅沢な味わいが生まれる。肉質の柔らかいヒレ肉は、肉の食感を残す程度に細かく切り、醤油を隠し味にしてタルタルに。生ウニや卵黄は客席で和えて仕上げる。好みで辛味を利かせたカクテルソースをかけて食べてもらう。

材料／1皿分

牛ヒレ肉（固まり）… 150g
A　オリーブオイル … 適量
　　醤油 … 2mℓ
　　ニンニクアッシェ … 2g
　　パセリアッシェ … 2g
　　黒胡椒 … 適量

仕上げ用
生ウニ … 適量
卵黄 … 1個
タルタル用調味料（タバスコ、粒マスタード、パセリアッシェ、玉ねぎとケッパーのシェリービネガー漬け）… 各適量
＊カクテルソース … 適量
＊メルバトースト … 適量

＊カクテルソース
トマトピューレをベースに玉ねぎ、ニンニク、ウイスキー、ウスターソース、タバスコ、ワサビを混ぜ合わせる。

＊メルバトースト
バゲットを薄く切って1日冷蔵庫で乾燥させ、180℃のオーブンで焼く。

作り方

1　牛ヒレ肉は固まりを2つにカットし、溶岩石グリルの焼き網にのせ、表面を炙り焼きにし、氷水に取り、水気を取り、5mm角くらいの大きさに切る。（写真a～c）
2　ボウルに入れ、Aを順に加え、スプーンでよく混ぜ合わせ、器にのせたセルクルにつめ、形を整えてからセルクルを抜く。（写真d・e）
3　トレーにタルタルと卵黄、生ウニ、タルタル用の調味料、カクテルソース、メルバトーストをのせ、客席へ。客席でタルタルと生ウニ、卵黄、調味料を適宜加えて混ぜ合わせ、皿に取り分ける。（写真f・g）

POINT　醤油を加えることで味に深みが出る。牛肉の臭みを消す効果もある。

Chef's comment
タルタルとはいえ肉感を残したいので、噛み応えのある大きさでカット。調味料とよくなじませることでいっそうおいしくなります。

a

b

c

d

e

f

g

関村牧場 あか毛和牛
もも肉のロースト ソースボルドレイズ

東京・池尻大橋『wine《ワイン》 bistro《ビストロ》 apti.《アプティ》』

売価：3500円　原価率：36%　部位：牛モモ

宮城県栗原市の関村牧場で健康に育てられたあか毛和牛を使用。黒毛和牛よりも赤身と脂のバランスがよく、赤身のさっぱりとした肉の味や香りが味わえる。アプティでは肉質のやわらかいシンタマやウチモモなどを低温からゆっくりと温めるように火入れし、ジューシーに焼き上げる。ソースは酸味を持たせた赤ワインのソースで。

材料／1皿分

あか毛和牛シンタマまたは
　ウチモモ肉 … 200g
サラダ油 … 適量
塩、黒胡椒 … 各適量
野菜（グリーンアスパラガス、筍、
　菜の花、スナップエンドウ、
　メークイン、紫人参、黄人参、
　ブロッコリー）… 適宜

●ソースボルドレイズ　仕込み量
カゴメオニオンスライスソテー
　… 100g
玉ねぎ（スライス）… 1個分
ニンニク（みじん切り）… 4片分
白胡椒 … 適量
塩 … 適量
赤ワインビネガー … 100g
シェリービネガー … 100g
赤ワイン … 600 g
ジュ・ド・ヴィアンド（肉のだし）
　… 300g
ルウ … 20 g
バター、三温糖 … 各適量

① カゴメオニオンスライスソテーと玉ねぎ、ニンニク、白胡椒、ひとつまみの塩、ビネガーを鍋に入れて火にかけ、ビネガーを詰めていく。
② 赤ワインを加えてさらに1/2量になるまで詰め、ジュ・ド・ヴィアンドを加えて沸かし、ルウを20gくらい削って加えて混ぜ、濃度を出す。
③ 塩、三温糖で味を調え、バターでモンテする。粗熱が取れてから冷蔵保存する。

作り方

1 シンタマまたはウチモモのブロックの余分な脂やスジを取り除き、1皿分200 gにカットする。
2 冷たいフライパンにサラダ油をひき、①に塩と黒胡椒をふってのせる。掃除したときに出た牛脂ものせ、弱火にかける（写真a）
3 肉を転がしながら表面を温めていく。表面が熱くなったら、網をのせたバットに移し、185°Cのオーブンに45秒入れる。オーブンから出してアルミホイルをかぶせ、温かいところで5分休ませる。この工程を2回繰り返す。肉を休ませている間もフライパンは火をつけたままで牛脂をゆっくり焼き続ける。（写真b～d）
4 金串を肉の中心に刺して温度を確かめ、火が入っていなければ③の工程を秒数を調整して繰り返す。（写真e）
5 肉の火入れができたら、ソースボルドレイズを温め、付け合わせの野菜をソテーする。（写真f）
6 盛り付ける直前に肉を焼いていたフライパンを熱く熱し、肉の表面を香ばしく焼き、焼き色を付けて器に盛り、ソースボルドレイズを流し、ソテーした野菜を添える。

POINT　ソースボルドレイズは仕込み置きしたもの。濃度を高めて作っているので、冷蔵庫で1か月は保存できる。

Chef's comment
なめらかで味わいのきれいなクラシカルなワインとの相性が抜群です。

a

b
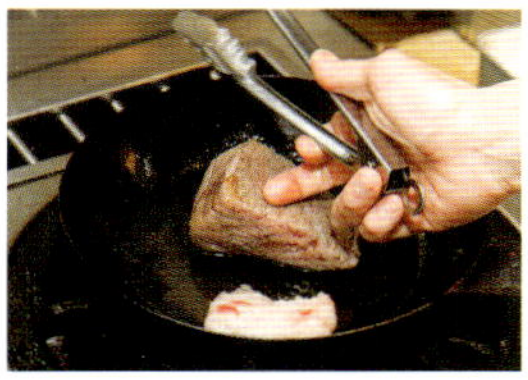
c

d

e
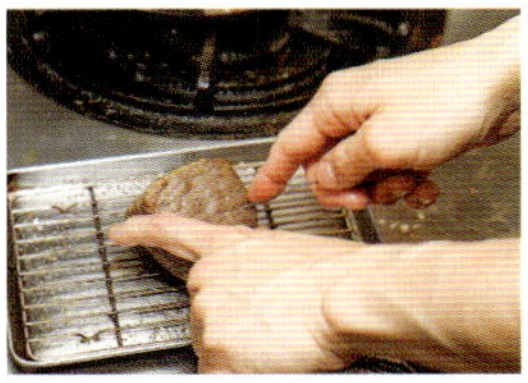
f

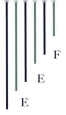

のざき牛のスパイス炒め

大阪・西天満『Az/ ビーフン東』

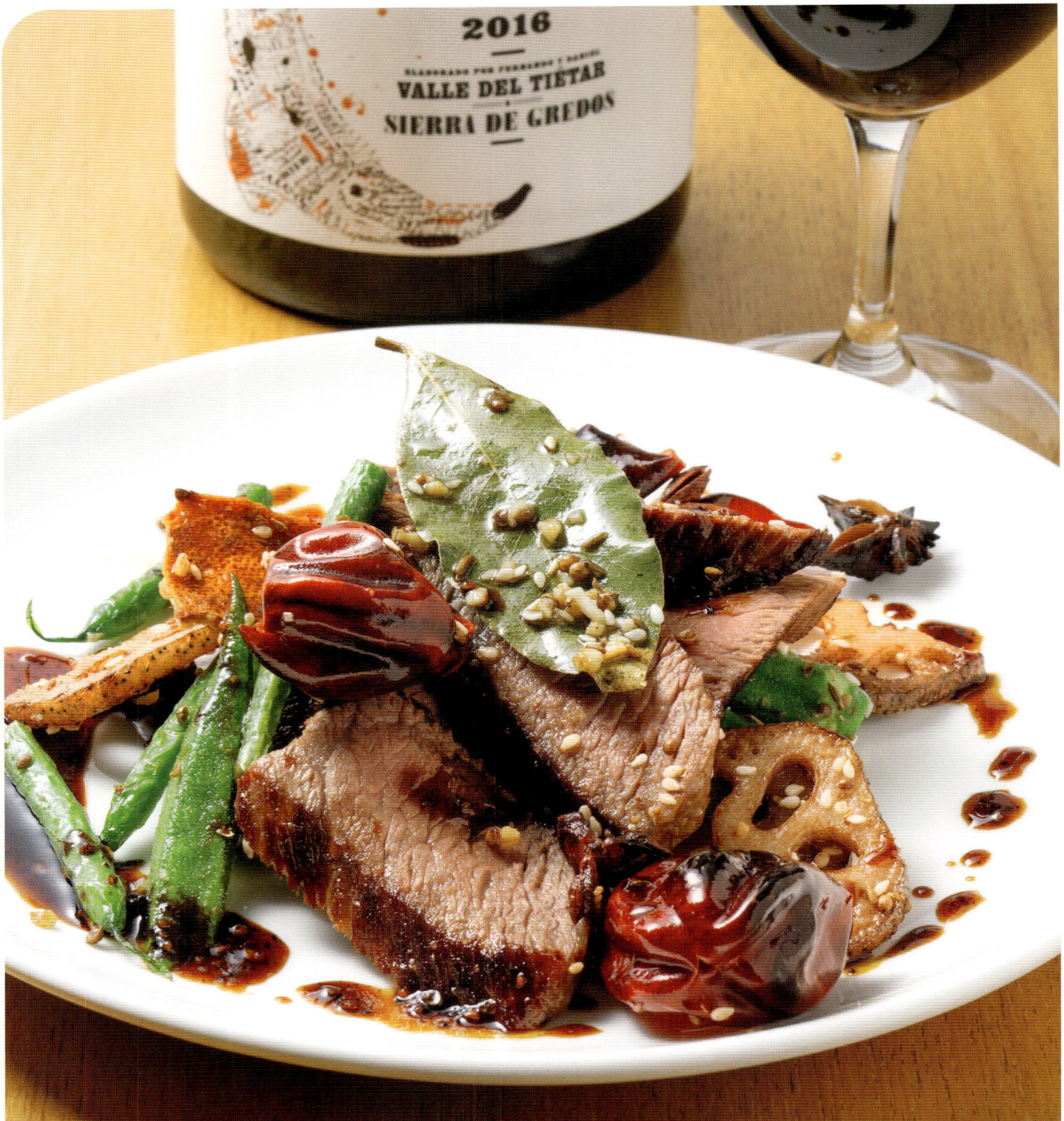

売価：2600 円　原価率：30 ～ 35%　部位：牛ランプ

牛肉は鹿児島産の“のざき牛”、イチボまたはランプを使用。のざき牛の脂にしつこさがなく、赤身の肉にもほどよい旨みがあると、その時々でいい状態の部位を仕入れる。やわらかな肉質を活かすようゆっくりと火入れし、肉に辛み、香りを移すスパイスはワインとの相性も考慮してバランスよく配し、黒胡椒のスパイシーなソースでまとめる。

材料／1皿分

牛ランプ肉 … 130g
サラダ油 … 適量
蓮根（スライス）… 4～5枚
いんげん … 7～8本
オクラ … 2本
A
ローリエ … 3～4枚
朝天唐辛子 … 4個
八角 … 3個
陳皮 … 適量
清湯 … 適量
塩 … 適量
刻みニンニク … 適量
＊デュカ … 適量
＊黒胡椒のソース … 適量

＊デュカ

エジプト発祥のミックススパイス。クミンやごま、ヘーゼルナッツなどをつき砕いたもので、肉料理との相性がいい。

＊黒胡椒のソース

オイスターソース … 適量
黒胡椒（粗く挽いたもの）… 適量
醤油 … 適量
黒酢 … 適量
酒 … 適量
ねぎ油 … 適量

材料を鍋に合わせて火にかけ、とろみが出るまで煮つめる。

作り方

1 フライパンに油を熱し、牛ランプ肉をのせ、250°Cのオーブンに入れて2分火入れし、いったん取り出して裏に返し、再度オーブンに入れ、2分火入れする。（写真a・b）
2 牛肉をオーブンから取り出し、アルミホイルをかぶせて10分休ませる。（写真c）
3 蓮根といんげんは油通しする。オクラは塩茹でする。
4 休ませた牛肉をフライパンでソテーし、表面をカリッとさせてから適度な厚みのそぎ切りにする。（写真d）
5 鍋にサラダ油を熱してAのスパイスを入れ、炒め合わせて香りを十分に出し、③の野菜を加えて炒め合わせる。（写真e・f）
6 さらに④の牛肉を加えて塩、デュカ、刻みニンニクを入れ、さっと炒め合わせ、清湯を少し加えて強火で炒め合わせる。（写真g）
7 黒胡椒のソースを鍋に取り、清湯を少し加えて煮つめる。煮つまったら⑥の皿に流す。（写真h）

POINT

・最初に片面を焼き固め、裏に返してその余熱で片面も焼き固めながらオーブンへ。最後にまたフライパンでソテーし、表面に香ばしい旨みをプラスして焼き上げる。
・スパイスはホールのまま使うことで、やわらかい香りや風味になる。

Chef's comment

合わせたワインはスペインの注目の生産者が造るガルナッチャ。香ばしいスパイスなどエキゾチックな料理によく合います。

a

b

c
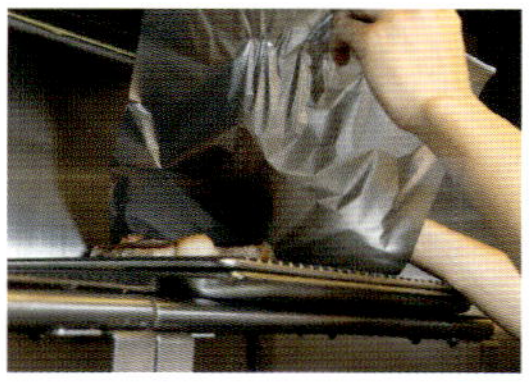
d

e

f

g

h

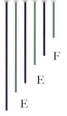

ぶつ切りハラミのロースト

東京・茅場町『L’ottocento』

売価：2800円　原価率：32%　部位：牛ハラミ

牛ハラミのさっぱりとした赤身そのものをシンプルに味わってもらいたいと、塩のみでロースト。その分、ジューシーさを損なわないよう、火入れは繊細に。そのままでは面白みに欠けるため、厚くカットした肉の上にはアンチョビのソースとリンゴのマリネをのせる。さらに味のポイントはトレビスの苦み。焦がすように焼いたトレビスがソースになる。

材料／１皿分

牛ハラミ（固まり）… 150g
塩 … 肉の重量の 1.2％
オリーブオイル … 適量
トレビス … 適量
塩 … トレビスの重量の１％
＊アンチョビソース … 10g
＊リンゴカンディート … 12g

＊アンチョビソース（仕込み量）
ニンニクアッシェ … 10g
ブレンドオイル … 20mℓ
アンチョビ … 12g
白ワイン … 40mℓ
ニンニクアッシェをブレンドオイルで色付くまで弱火で炒め、アンチョビをゆっくり炒める。白ワインを加えて混ぜ合わせ、アルコールを飛ばす。

＊リンゴカンディート
材料　仕込み量
リンゴ（スライス）… 240g
グラニュー糖 … 85g
レモン汁 … 20mℓ
マスタード … 32g
① リンゴはくし形に切り、グラニュー糖、レモン汁、マスタードをまぶして真空パックし、一晩おく。（写真 a）
② 100℃のスチームコンベクションオーブンに入れ、20 ～ 30 分火入れし、氷水にあてて急冷する。（写真 b）
③ レフロンパンにあけ、汁がなくなるまで火入れし、粗熱が冷めてから１パック 12g に小分けする。

Chef's comment

シチリアでもエトナ山周辺の赤ワインは赤身の肉によく合います。口当たりもよく、ハラミの素材感を楽しみたいときにおすすめです。

作り方

1　牛ハラミは常温に戻し、焼く 10 分前に塩をする。
2　鉄のフライパンにオリーブオイルを熱し、①のハラミの両面を焼いて焼き色をつけ、オーブンで３分火入れし、いったん取り出し、アルミホイルで包んで３分休ませる。再度オーブンに入れて２分火入れし、２分休ませ、仕上げに２分オーブンに入れる。（写真 c ～ e）
3　トレビスはオリーブオイルでソテーし、塩をしておく。ハラミの焼き上がりに合わせてオーブンで温める。（写真 f）
4　器にトレビスを敷き、ハラミをカットしてのせ、アンチョビソース、リンゴカンディートを上にのせる。（写真 g・h）

a

b

c

d

e

f

g

h

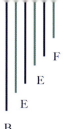

フランス産仔牛レバーのソテー 栗のハチミツソース

神奈川・横浜『restaurant Artisan』

売価：1800円　原価率：25%　部位：牛レバー

レバー特有のクセが少なく、身が柔らかいフランス産仔牛のレバーを使用。溶岩石グリルで外側をサクッとした歯当たりで焼き上げる。レバーの甘みによく合うとろりと極限までバターを混ぜ込んだじゃが芋のピューレと、香ばしい香りの栗のハチミツを使ったソースをからめるとまた格別。スパイシーな白ワインが合う。

材料／1皿分

仔牛レバー … 120g
塩、白胡椒 … 各適量
ニンニクオイル … 適量
●栗のハチミツのソース
ハチミツ（栗）… 適量
シェリービネガー … 適量
黒胡椒 … 適量
フォンドヴォー … 適量

＊じゃが芋のピューレ … 適量
バター … 適量
パセリ（アッシェ）… 適量
EXV オリーブオイル … 適量

＊じゃが芋のピューレ
メークインを茹でて牛乳、バターを加えてピューレにする。提供時にさらにバターを加える。仕上がりはじゃが芋に対し、２～３倍量のバターが入り、なめらかなソース状になる。

Chef's comment

じゃが芋のピューレは付け合わせではなく、確実にソースの役割。レバーにからめて食べてもらいたい。

作り方

1 レバーは２～３cmの厚みで 40g の大きさにカットしたものを用意し、塩、白胡椒をふり、ニンニクオイルをぬり、溶岩石グリルで焼く。（写真 a・b）
2 途中、表面が乾いてきたらニンニクオイルをぬり、両面を焼く。指で押してみて、押し返すような弾力が出てきたら焼き上がりの目安。（写真 c・d）
3 栗のハチミツのソースを作る。小鍋にソースの材料を合わせ、粘度が出てくるまで煮詰める。
4 じゃが芋のピューレにバターを加えて温め、ピューレとバターをよく混ぜ合わせる。（写真 e）
5 器に④のピューレを敷き、ソテーしたレバーをのせ、煮詰めたソースをかける。仕上げにレバーの上にパセリを散らし、オリーブオイルを回しかける。（写真 f）

POINT
・レバーは血管の入らない部分を使う。
・溶岩石は炭火より火力が強く、遠赤外線の効果で表面をパリッと内側をしっとり焼き上げる効果がある。

a

b

c

d

e

f

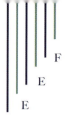

牛タン西京味噌焼き

東京・外苑前『モツ酒場 kogane《こがね》』

売価：950 円　原価率：30%　部位：牛タン

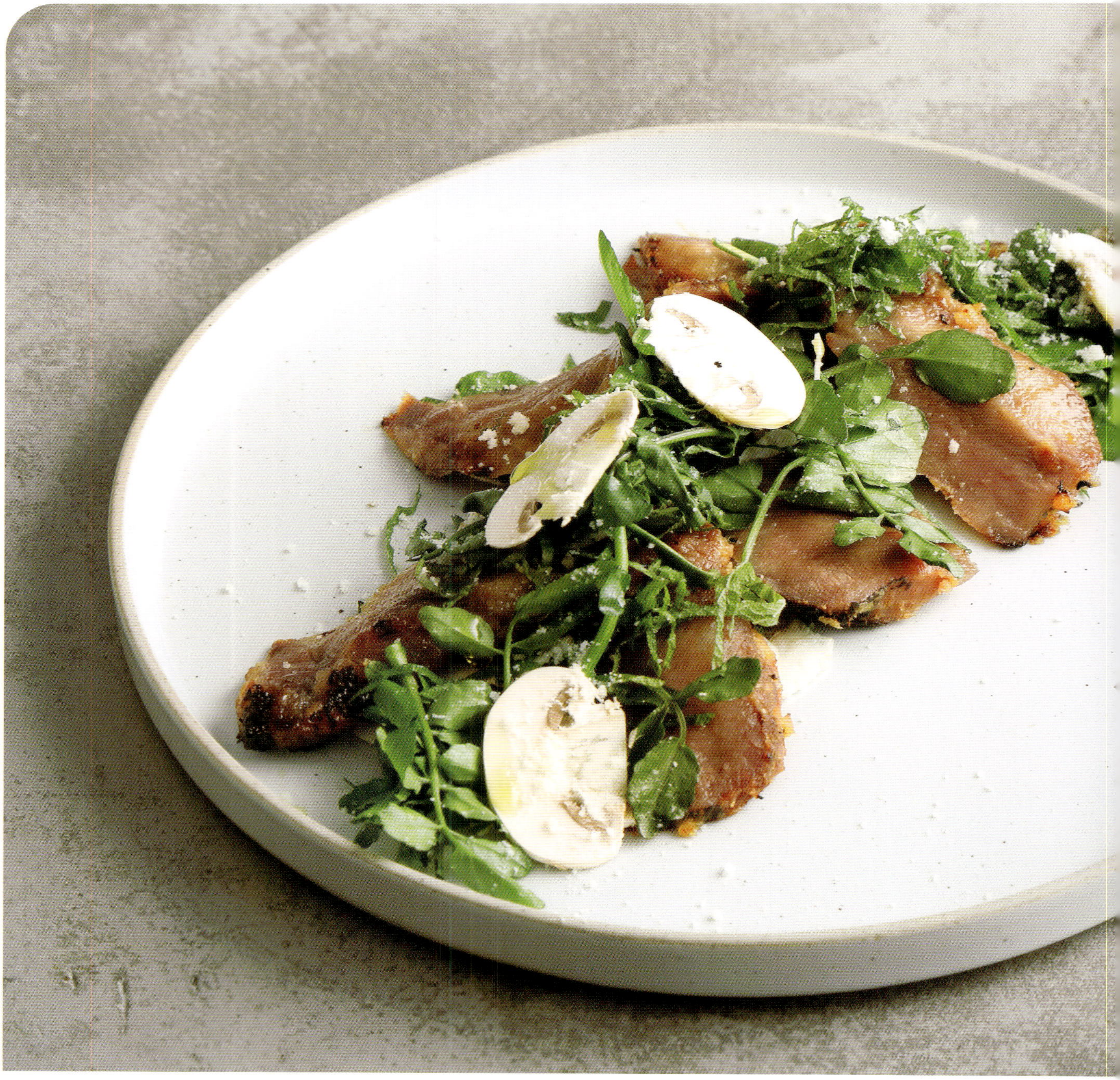

やわらかいタンモトを厚切りにし、西京味噌に漬け込んで炭火で焼き上げる。ジューシーなタンの旨みに味噌の甘さが相まって、燗酒との相性は抜群。炭火で香ばしく焼ける味噌もまたご馳走。苦みのあるクレソンのサラダを上にのせ、多彩な味わいの変化で楽しませる。

材料　仕込み量

牛タン … １本
西京味噌床
　西京味噌 … 適量
　醤油、みりん … 各適量

仕上げ用

牛タンの味噌漬け … ２カット
クレソンのサラダ
　クレソン、マッシュルーム、大葉 … 各適量
　レモンドレッシング … 適量
　塩、白胡椒 … 各適量
　EXV オリーブオイル … 適量
パルミジャーノ … 適量

仕込み

1 牛タンは裏側のスジをはずし、皮をすき取る。（写真 a）
2 タンモトの白い脂の入った部分を使い、１～２㎝程度の厚切りにする。（写真 b）
3 西京味噌を醤油、みりんでのばす。
4 厚切りにしたタンの両面に③の味噌をたっぷりとぬり、保存容器に重ね、２～３日漬け込む。（写真 c）

POINT　タンのスジは挽き肉にしてボロネーズソースなどに使う。タンモトから切り出して残った部分は薄くスライスし、「谷中生姜の牛タン巻き」（→ 48 ページ）にする。

a
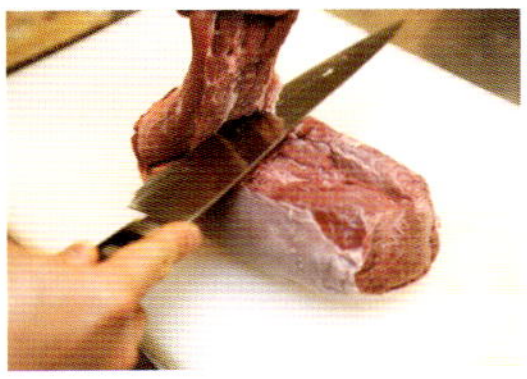

b
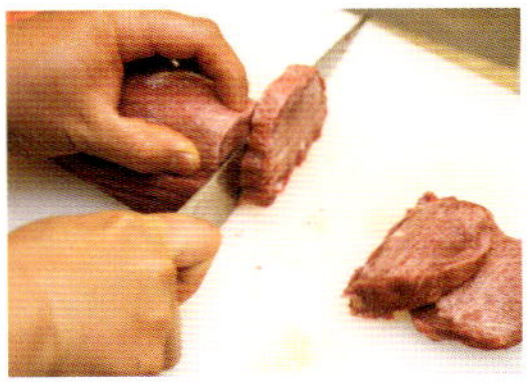

c

d

仕上げ

1 味噌床からタンを取り出し、味噌をつけたまま炭火で焼く。味噌が焦げやすいため、遠火で両面を焼く。（写真 d）
2 クレソンは食べやすい長さに切り、マッシュルームはスライスし、大葉は細かく切る。ボウルに合わせ、レモンドレッシング、塩、白胡椒、EXV オリーブオイルを加えてざっくり和える。
3 タンが焼き上がったらそぎ切りにして器に盛り、②のサラダをのせ、パルミジャーノをふりかけて仕上げる。

POINT　酒がすすむよう、味噌はつけたまま焼き上げる。

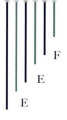

牛テールのハンバーガー

大阪・本町『gastroteka bimendi』

売価：1200 円　原価率：40%　部位：牛テール

コクと旨みいっぱいの煮込んだ牛テールをパテに作り、自家製のバンズで挟んだハンバーガースタイル。煮込んだ煮汁もソースに煮つめて余すところなく使用。マスタード代わりにニンニクの香りが利いたアリオリソースで牛テールの深いコクを引き立てる。葉野菜も辛味のある赤水菜でバランスを取っている。

材料　仕込み量

●牛テールのパテ
牛テール … 2kg
ミルポワ
　玉ねぎ … 1個
　セロリ … 2本
　人参 … 大1/2本
　ローリエ … 適量
赤ワイン … 3ℓ弱
ゼラチン … 適量

●赤ワインのソース
牛テールの煮込み汁 … 適量
水溶きコーンスターチ … 適量
塩 … 適量

●アリオリソース
卵黄 … 1個分
ニンニク … 1片
ブレンドオイル（ヒマワリオイル1とオリーブオイル1でブレンド）… 180mℓ
塩 … 適量

仕上げ用
牛テールのパテ … 直径6cm×厚み2.5cm
強力粉 … 適量
アリオリソース … 適量
赤ワインのソース … 適量
自家製バンズ … 1個
赤水菜 … 適量

作り方

［牛テールのパテ］
1 牛テールは適度な大きさにカットしたものを圧力鍋に入れ、ミルポワを加えて赤ワインを注ぎ、圧力をかけて1時間半ほど煮込む。
2 牛テールが柔らかくなったら肉を取り出し、温かいうちに骨をはずす。
3 ②の肉に水で戻したゼラチンを混ぜ合わせる。
4 ラップを広げて③の肉を棒状におき、ラップごと巻きずしのように巻き込み、冷蔵庫で冷やし固める。（写真a）

［赤ワインのソース］
牛テールを煮込んだ煮汁を漉して煮つめ、水溶きのコーンスターチで濃度をつけ、塩で味を調える。（写真b）

［アリオリソース］
卵黄とニンニク、ブレンドオイルを合わせ、ブレンダーで回してつなぎ、塩で味を調える。

仕上げ

1 自家製のバンズを横半分に切り、オーブンに入れて温める。
2 牛テールのパテをカットし、強力粉を全面に薄くまぶし、鉄板で両面を焼く。（写真c）
3 温めたバンズにアリオリソースをぬり、赤水菜を敷き、①のパテを重ね、赤ワインのソースをぬり、バンズで挟み、器に盛る。（写真d）

a

b

c
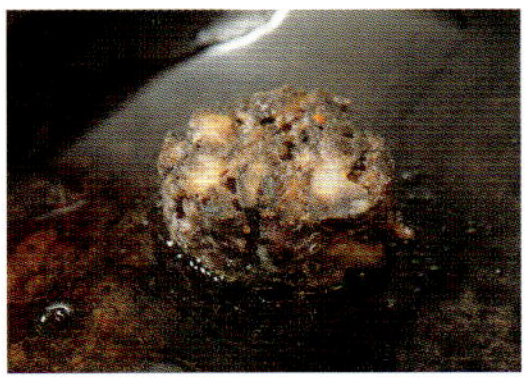
d

Chef's comment

ゼラチンでパテをつないでいるので、温度が上がるとパテがゆるんで焼きづらくなります。冷たい状態でソテーすることがポイントです。

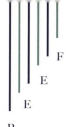

肉みそ豆腐

東京・神楽坂『十六公厘』

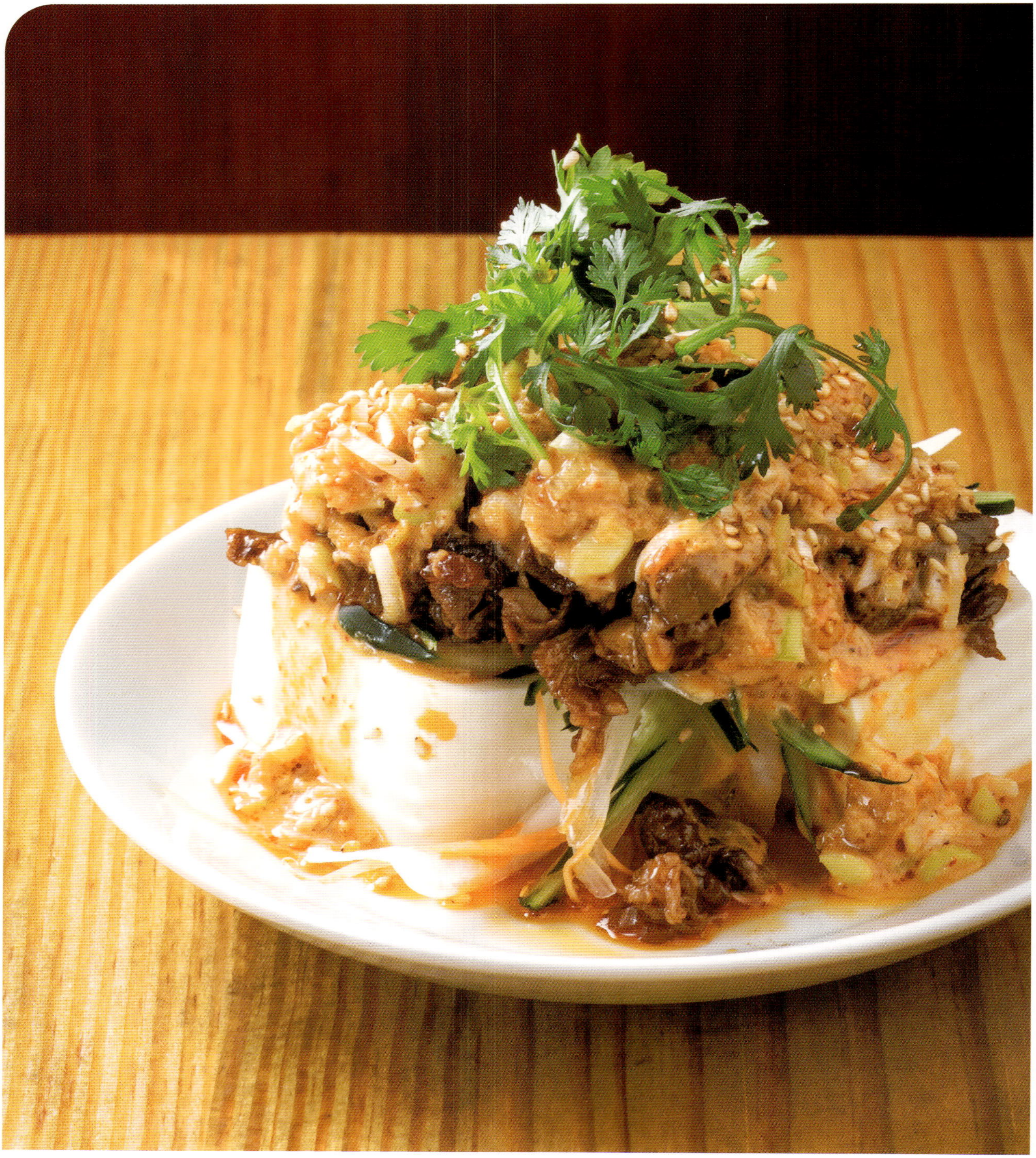

売価：800円　原価率：25%　部位：牛切り落とし

牛肉を時雨煮のように味濃く炊き上げる。濃いめの味が淡白な豆腐や野菜をおいしく食べさせる。なめらかな絹ごし豆腐にシャキシャキとしたせん切り野菜をのせ、肉みそをたっぷりと。刻みねぎを加えたごまダレもかけて味を重ね、酒肴としての満足感を高める。

材料　仕込み量

牛肉（切り落とし）… 1kg
サラダ油 … 適量
玉ねぎ（みじん切り）… 300g
甜面醤 … 適量
醤油 … 適量
砂糖 … 適量
味噌 … 適量

仕上げ用

肉みそ … 60g
絹ごし豆腐 … 1/4 丁
胡瓜（せん切り）、玉ねぎ（せん切り）、
人参（せん切り）… 各適量
＊ごまダレ … 適量
刻みねぎ … 適量
煎り白ごま、＊自家製ラー油、
パクチー … 各適量

＊ごまダレ

醤油と酢、練りごま、おろし生姜、おろし玉ねぎを混ぜ合わせる。

＊自家製ラー油

同割のサラダ油とごま油を合わせ、一味唐辛子、タカノツメ、ニンニク、玉ねぎ、生姜、ねぎを加えて煮出す。別に用意した一味唐辛子とタカノツメにジュッとかけ、冷ましてから漉す。

Chef's comment

肉みそもさることながら、豆腐自体のおいしさも味の決め手になります。

仕込み

1 牛肉の切り落としは細かく切り、サラダ油を熱した鍋で玉ねぎと一緒に炒める。火が通ったら甜面醤、醤油、砂糖、味噌を加え、甘辛く炊き上げる。
2 冷ましてから1人前60gずつ小分けし、冷凍保存する。（写真 a）

仕上げ

1 絹ごし豆腐はキッチンペーパーの上にのせ、軽く水を切る。（写真 b）
2 胡瓜、玉ねぎ、人参はせん切りにして水にさらし、水気を取ったものを用意し、合わせておく。
3 ごまダレに刻みねぎを混ぜ合わせる。（写真 c）
4 肉みそを蒸気の上がったセイロに入れ、温める。（写真 d）
5 器に①の豆腐を盛り、②の野菜をのせ、上に温めた肉みそをのせ、③のごまダレをかける。（写真 e）
6 ⑤の上に刻みねぎ、煎り白ごまを散らし、自家製ラー油をかけ、パクチーをのせる。

a

b

c

d

e

肉玉

東京・神楽坂『十六公厘』

もともと「ニラ玉」として作っていた一品。ニラ玉も人気が高かったが、あまりに定着したため、素材替わりの「肉玉」を考案した。常備しておく「肉みそ」と卵を炒り合わせるだけのスピードメニューで、ほっとする優しい味わいが魅力。盛り付けの形は簡単にお玉で作っている。

材料／1皿分

肉みそ … 60g　→29ページ
ニラ … 適量
長ねぎ … 適量
卵 … 2個
A　塩 … ふたつまみ
　ごま油 … 少々
　醤油 … 少々
　オイスターソース … 2～3滴
サラダ油 … 適量

作り方

1 肉みそは仕込み置きしたものを解凍しておく。
2 ニラと長ねぎは細かく刻む。
3 ボウルに卵を割り入れ、ニラと長ねぎを入れ、Aを加えて溶き混ぜ、肉みそを加える。（写真a・b）
4 鍋にサラダ油を熱し、③を流し入れて炒り混ぜ、火が通ってきたらお玉で形を作り、器に盛る。（写真c・d）

a

b

c

d

売価：800円　原価率：25％　部位：牛切り落とし

牛肉と竹の子のすき焼天プラ

東京・三軒茶屋『コマル』

筍をメニュー化したいというところからの発想。牛肉で筍を巻いて天ぷらにし、すき焼きダレと卵黄で、時季の山菜のほろ苦さも添える。天ぷらにすき焼きダレというユニークさも、素材に牛肉を使うことでまとまりがよく、ゆきすぎない、かといってありきたりではない『コマル』ならではの料理に。

売価：600円　原価率：30%　部位：牛バラ

材料／1皿分

牛バラ肉（スライス）
…1枚（30g）
筍（茹でたもの）…25g
春菊…10g
塩…適量
片栗粉…適量
天水（天ぷら粉を水で溶く）
…適量
揚げ油…適量

●割り下（仕込み量）
酒…150g
みりん…150g
醤油…150g
ザラメ＋上白糖…100g
＊和だし…75g

水溶き片栗粉…適量
煎りごま（白・黒）…適量
岩塩…適量
卵黄…1個分

仕込み

1 割り下を作る。酒とみりんを鍋に合わせて火にかけ、アルコールを完全に飛ばす。
2 醤油、ザラメ、上白糖を加えて沸かして砂糖を溶かす。
3 ②に和だしを加えて混ぜ合わせる。

POINT 上白糖だけでは甘くなりすぎ、テリも出ないため、ザラメも合わせて使う。

仕上げ

1 筍は縦に等分する。（写真ａ）
2 牛バラ肉で筍を巻き、塩をふり、薄く片栗粉を打ち、天水にくぐらせ油で揚げる。春菊も片栗粉を打ち、天水をくぐらせて揚げる。（写真ｂ・ｃ）
3 牛肉に火が通ったら油を切り、半分に切り、春菊と一緒に器に盛る。白と黒の煎りごまをふり、岩塩を添える。
4 割り下を温めて水溶き片栗粉でとろみをつけ、別の小鉢に入れ、卵黄をのせて天ぷらに添える。

POINT 割り下のほかに岩塩を添えるのは春菊の天ぷらもおいしく食べてもらうため。

a
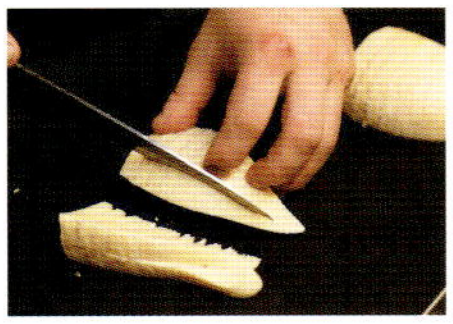
b
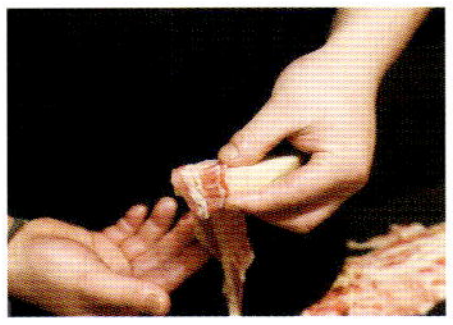
c

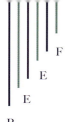

和牛コンビーフ

東京・渋谷『酒井商会』

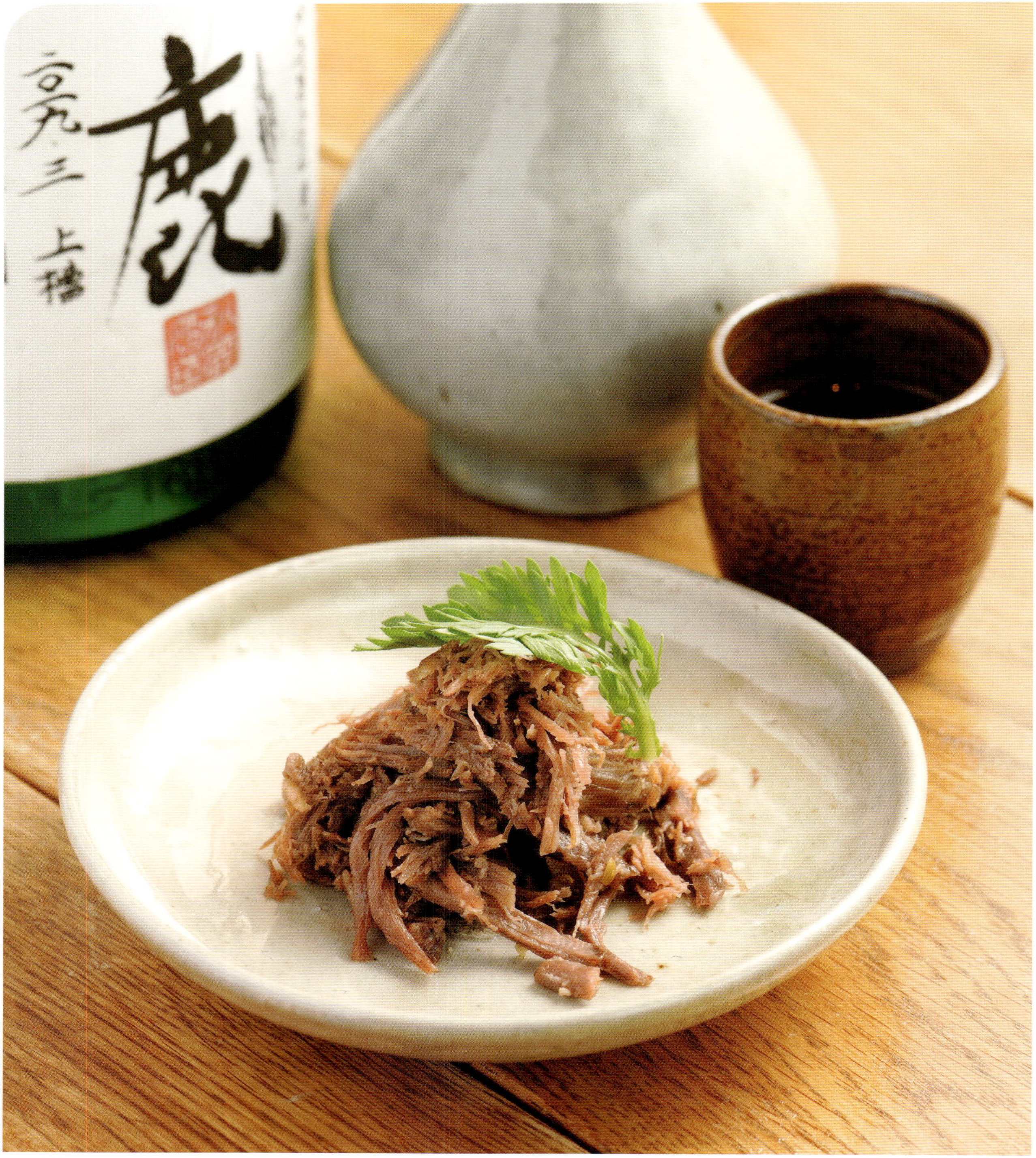

売価：800 円　原価率：34%　部位：牛ランプ

和牛のランプを使ったコンビーフ。時間をかけてソミュール液に漬け込んで、味をゆっくり浸透させてから蒸し上げ、牛肉の歯応えを残したいため、半量は手でほぐし、半量はフードプロセッサーにかける。旨みが凝縮された濃厚な肉に生胡椒の爽やかな辛味が利いて、ワインも日本酒もすすむ。

Chef's comment

生胡椒を使ったコンビーフは、ほどよい酸味のあるスパイシーな赤ワインや独特の酸があり、ピチピチとフレッシュな冷酒と好相性。

材料　仕込み量

牛ランプ肉 … 1.7kg
人参、玉ねぎ、セロリ … 各適量
●ソミュール液
水 … 540mℓ
塩 … 150g
砂糖 … 30g
濃口醤油 … 60g
粒黒胡椒 … 適量
実山椒 … 適量
大葉 … 適量

生胡椒（塩漬け）… 4～5本

作り方

1 ソミュール液の材料を合わせて沸かし、塩、砂糖を溶かし、冷ます。
2 牛肉は適当な大きさの固まりに切る。人参、玉ねぎ、セロリはスライスする。
3 保存用の袋に牛肉と野菜を入れ、ソミュール液を注ぎ、大葉をちぎり入れ、密閉して１週間ほど漬け込む。（写真 a）
4 ③の肉を取り出し、1.5 時間ほど流水にさらし、塩抜きする。
5 蒸し器に入れ、３時間ほど蒸す。（写真 b）
6 冷ましてから⑤の半量を手でほぐす。もう半量はフードプロセッサーにかける。（写真 c・d）
7 バットに⑥を合わせ、枝からはずし、軽く刻んだ生胡椒を混ぜ込む。（写真 e ～ g）

POINT
・蒸した牛肉をほぐしながらスジっぽいところはフードプロセッサーで回す。
・小分けにし、真空包装用の袋に入れ、真空包装し、冷凍保存しておく。
・その日使う分を解凍して使用する。

a

b

c
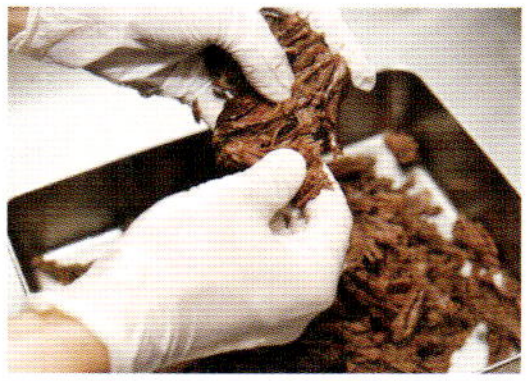
d

e

f

g

B E E F

牛すじ

東京・渋谷『酒井商会』

お椀のように汁まで飲み干してほしいと、あくまでも品よく仕立てる牛すじ煮。同店では牛肉は香り、口溶けがいいと評価される尾崎牛を使い、掃除した時に出るスジも一緒に仕入れる。そのスジを、山椒を加えたカツオだしで煮上げる。酒の合間にほしくなる程よい塩加減がポイント。

売価：1000円　原価率：35%　部位：牛スジ

材料　仕込み量

牛スジ（尾崎牛）… 2kg前後
水、青ねぎ、生姜 … 各適量
＊カツオだし … 適量
実山椒 … 適量
塩、酒、淡口醤油、みりん … 各適量
大根 … 適量
●大根の煮汁
＊カツオだし … 適量
淡口醤油、みりん、塩、酒 … 各適量

仕上げ用
牛スジ煮 … 3切れ
大根煮 … 2カット
牛スジの煮汁 … 適量
スナップエンドウ … 適量
粉山椒…適量

＊カツオだし
水 … 1ℓ
昆布 … 30g
カツオ節 … 40g
昆布を水につけておき、火にかけ、80℃まで温度が上がったら昆布を取り出し、ひと沸かししてからカツオ節を加えて火を止める。漉してから使用。

仕込み

1 牛スジは一度霜降りし、生姜、青ねぎを加えて水から4～5時間ほど茹でる。やわらかくなったらザルで漉し、水気を切る。（写真a・b）
2 カツオだしを沸かし、塩、酒、淡口醤油、みりんで味を調え、刻んだ実山椒を加え、①を入れて煮含める。煮汁につけた状態で冷まし、一晩おく。（写真c）
3 大根は食べやすく切って面取りし、下茹でしてから煮汁で煮る。煮汁につけた状態で保管する。（写真d）

a

b

c

d

仕上げ

1 注文が入ったら牛スジ、大根を温め、椀に盛る。牛スジの煮汁を味を調えて張り、ボイルしたスナップエンドウを添え、粉山椒を吸い口にする。

POINT　仕上げの粉山椒は石臼挽きのものを京都から取り寄せて使用。煮汁を飲めるくらいの味加減に整え、この香りを吸い口にする。

牛肉と春ごぼう、ドライトマトのきんぴら

東京・渋谷『酒井商会』

春ごぼうや蓮根、うどなど牛肉と相性のよい季節の野菜と炒め煮にするきんぴら。味の決め手はセミドライトマトで、酸味や旨味がアクセントになり、ごはんのおかずとは違った気の利いたつまみの一品に。

売価：800円　原価率：34%　部位：牛肩ロース

材料／1皿分

牛肩ロース肉 … 適量
ごぼう … 適量
サラダ油 … 適量
タカノツメ（種を取る）… 適量
●煮汁（割合）
酒 … 1
みりん … 1
濃口醤油 … 1
三温糖 … 適量
カツオだし … 適量

糸がき（マグロ節）… 適量
セミドライトマト（オイル漬け）… 適量
青ねぎ（小口切り）… 適量

作り方

1 牛肩ロース肉は食べやすい大きさに切る。ごぼうは3㎝長さの拍子木切りにし、さっと油通しする。（写真a）
2 鍋にサラダ油とタカノツメを入れて弱火にかけ、香りを出し、①の牛肉を入れ、牛肉の色が変わったらごぼうを入れて炒め合わせる。（写真b）
3 煮汁の材料を順に加えて炒め煮にする。煮汁が詰まってきたら、糸がき、ドライトマトを加えてさっと炒め合わせる。（写真c）
4 器に盛り、青ねぎを散らす。

POINT 牛肉は時雨煮のようにあらかじめ作っておき、きんぴらの他、うどんの具などに使うこともする。その場合、提供時に温め直し、ごぼう、ドライトマトを加えて炒め合わせる。

a

b

c

BEEF

黒毛和牛の唐揚げ

東京・学芸大学『听屋焼肉』

売価：1380円　原価率：33%
部位：牛ソトモモ

a

b
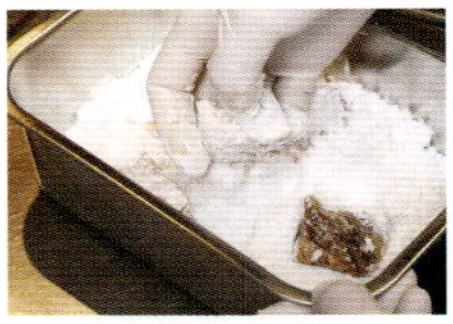
c

d

黒毛和牛のソトモモなど赤身の部位を使って唐揚げに。赤身らしい肉の存在感を味わってもらうため、かみ切って一口大で提供する。漬け込みだれは同店の焼肉のたれがベース。３時間ほど漬け込んで肉の中まで味を浸透させ、何もつけずに食べてもらう。

POINT
・牛肉はソトモモなど赤身の部位を中心に使用。食べ応えのある厚みになるようサク取りする。
・漬け込みだれは焼肉用のつけだれをベースにし、唐揚げ用に甘く味を調整している。

材料／１皿分

牛赤身肉 … 100g
漬け込みだれ … 55g
片栗粉 … 適量
揚げ油 … 適量

仕込み

1 牛赤身肉は100gの長方形にサク取りし、立方体になるよう５つに切る。
2 漬け込みだれに漬け、３時間ほどおく。（写真 a）

仕上げ

1 漬け込んだ牛肉の汁気を取り、片栗粉をまぶし、180°Cの油で２分揚げる。（写真 b・c）
2 １分休ませてから半分に切り、断面が見えるように器に盛る。（写真 d）

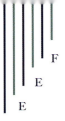

黒毛和牛餃子

東京・学芸大学『听屋焼肉』

熱々を鉄板で提供する黒毛和牛の餃子。食べやすい一口サイズの餃子で、焼肉の合間にちょっと違ったものが食べたいというお客に好評で、さっぱりとポン酢醤油をかけて提供する。あんにする挽き肉は焼肉の端材を活用し、自店でミンチにしている。

材料／約100個分

●あん
牛肉端材 … 800g
キャベツ … 1kg
おろしニンニク … 5g
おろし生姜 … 5g
醤油 … 60mℓ
紹興酒 … 100mℓ
オイスターソース … 40g
ごま油 … 90g
コーンスターチ … 45g

餃子の皮 … 適量

仕上げ用　1食分
餃子 … 6個
サラダ油 … 適量
ポン酢醤油 … 適量
万能ねぎ（小口切り）
… 適量

仕込み

1 牛肉は焼肉用にカットした肉の端材を活用し、挽き肉機で挽き肉にする。
2 キャベツはせん切りにする。
3 牛挽き肉、キャベツを合わせ、他の材料を加えて混ぜ合わせ、よく練る。
4 餃子の皮を広げ、③をスプーン1杯ずつ取り、皮の両端をつまみ、さらに残った両端をつまんで包み、形を整える。冷凍保存する。（写真a・b）

仕上げ

1 注文が入ったら、サラダ油を熱したフライパンに餃子を並べて焼く。提供用の鉄板にもサラダ油をひき、火にかけて熱する。
2 焼き色がついたら水を加えてフタをして蒸し焼きにし、仕上げにフタを取り、強火にして水分を飛ばす。（写真c）
3 熱した鉄板に焼いた面を上にしてのせ、ポン酢醤油をかけ、万能ねぎを散らす。

a
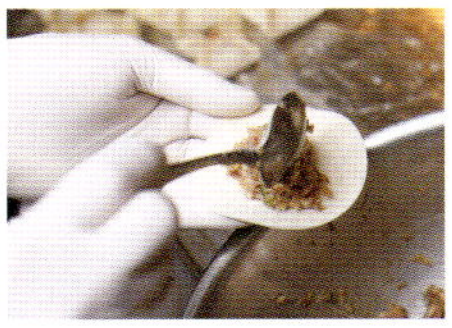

b
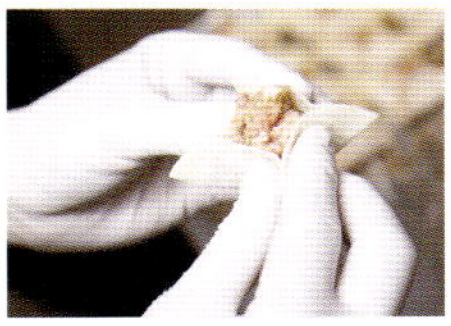

c

売価：680円　原価率：26%　部位：牛挽き肉

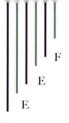

霜降り牛の生春巻き

東京・学芸大学『听屋焼肉』

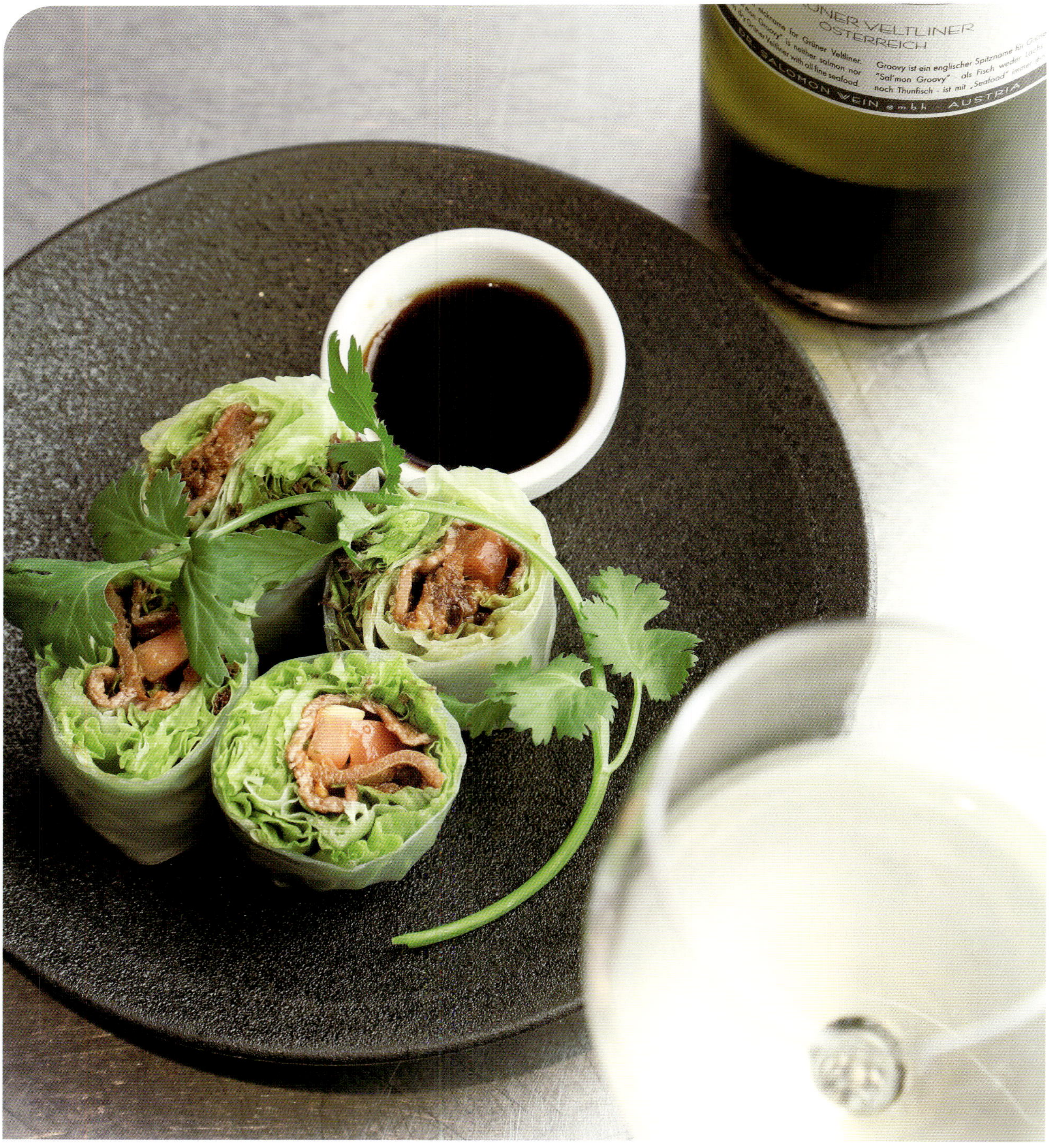

売価：780円　原価率：37.8%　部位：牛肩ロース

焼肉のサイドメニューとして、サラダ代わりの注文も多い焼肉店の“生春巻き”。炙り焼きにした牛肩ロースに、煮込んだスジ肉のピリ辛味噌、ハーブを使ったサルサソースをのせ、サニーレタスとライスペーパーで巻き込んだ。生春巻きのソースにはユッケだれを使い、焼肉店が持つ素材を有効活用する。

材料　仕込み量

●筋味噌
＊煮込んだ牛スジ … 100g
→ 47 ページ
甜麺醤 … 30g

●ミントとパクチーのサルサソース
トマト … 275g
玉ねぎ（みじん切り）… 75g
パクチー（みじん切り）… 15g
スペアミント（みじん切り）… 10g
EXV オリーブオイル … 20g
レモン汁 … 15g
塩 … 5 g

●生春ソース
＊ユッケだれ … 150mℓ
ポン酢醤油 … 150mℓ

仕上げ用　1食分
牛肩ロース肉（スライス）… 1 枚
ライスペーパー … 1 枚
サニーレタス … 2～3 枚
筋味噌 … 15g
自家製サルサソース … 30g
パクチー … 適量
生春ソース … 10 g

＊ユッケだれ
濃口醤油 … 600g
煮切りみりん … 400g
グラニュー糖 … 100g
おろしニンニク … 10g
おろし生姜 … 10g
白胡椒 … 3 g
煎りごま … 5 g
すべての材料を混ぜ合わせる。

仕込み

[節味噌]
煮込んだ牛スジ肉を細かく刻み、甜面醤と混ぜ合わせる。
[ミントとパクチーのサルサソース]
トマトは種を取り、4 mm 角くらいに刻み、玉ねぎ、パクチー、スペアミントと合わせ、EXV オリーブオイル、レモン汁、塩で味を調える。
[生春ソース]
ユッケだれとポン酢醤油を混ぜ合わせる。

POINT　野菜やライスペーパーをおいしく食べてもらうため、濃厚味のある筋味噌、ハーブたっぷりのフレッシュな酸味のソースを用意する。

仕上げ

1 ライスペーパーは 3 秒ほど水でぬらし、水気を取り、丁寧にのばしておく。
2 牛肩ロース肉はバーナーで炙る。（写真 a）
3 サニーレタスを広げ、②を重ね、筋味噌、サルサソースをのせ、サニーレタスの両側を折りたたんでから手前から巻き込む。（写真 b）
4 広げたライスペーパーの上に③をのせ、手前から巻き、4 つに切って器に盛る。パクチーと生春ソースを添える。（写真 c）

POINT　薄くスライスした牛肉に火が入りすぎないよう、バーナーで炙って香ばしさを出す。

a

b

c
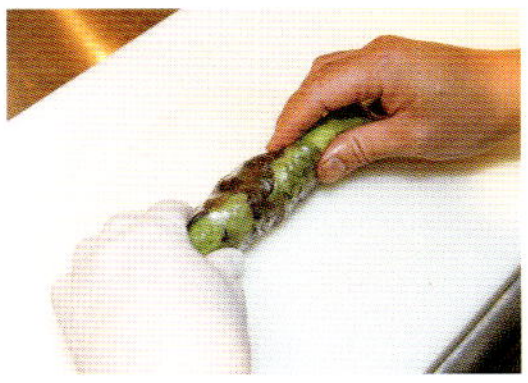

Chef's comment
ワインはハーブっぽいニュアンスを持ち、野菜にもよく合うオーストリアの「サロモン・クルーヴィー」を。グラスでも人気です。

牛ハツのタリアータ　手巻きサラダ

東京・西小山『fujimi do 243』

売価：1200円　原価率：22%　部位：牛ハツ

内臓肉の中でもクセの少ない牛ハツを使い、多彩な野菜で巻き込んで食べるサラダ。ハツは特有の血の香りを生かすよう、塩を強めに利かせ、風味よくマルサラ酒でソテーする。味のポイントはカイエンペッパーの辛味。食べてピリッと辛さが残るくらいにふり、ワインとの相性を高める。

材料／1皿分

牛ハツ … 100g
塩 … 適量
ブレンドオイル … 適量
マルサラ酒 … 適量
サニーレタス、トレビス、エンダイブ、
　人参（スライス）、紅くるり大根（スライス）
　… 各適量
パルミジャーノ … 適量
カイエンペッパー、パプリカパウダー
　… 各適量
EXV オリーブオイル … 適量
セルフィーユ … 適量

作り方

1 牛ハツは表面の脂やかたいスジを取り、牛乳にひたして血抜きしたものを用意する。
2 ソテーしやすいよう均等の厚みでサク取りし、塩をふり、ブレンドオイルを熱して両面をソテーする。（写真 a・b）
3 焼き色が付いたら取り出し、余熱で火を通す。（写真 c）
4 フライパンに残った焼き汁にマルサラ酒を加え、残った旨みをこそげ、少し煮てアルコールを飛ばしてソースにする。（写真 d）
5 ③を薄くスライスし、味を見て、塩が足りない場合は塩を足す。（写真 e）
6 皿にサニーレタスを4枚敷き、それぞれトレビス、エンダイブを重ね、人参、紅くるり大根を飾り、⑤のハツを盛る。バットに残ったハツのジュと④のソースをかけ、すりおろしたパルミジャーノ、カイエンペッパー、パプリカパウダー、EXV オリーブオイルを順にふりかけ、セルフィーユを飾る。（写真 f・g）

POINT
・ハツは火を通しすぎると固くなるので、ある程度固まりでソテーする。焼き汁の旨みをソースに活用する。
・サニーレタスで野菜ごと巻いて食べてもらう。

a
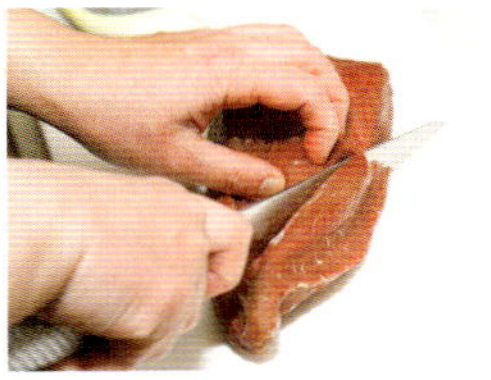
b

c

d

e

f

g

トリッパとパクチーのサラダ

埼玉・ふじみ野『Pizzeria 26』

売価：900円　原価率：30%　部位：牛ハチノス

茹でこぼしを繰り返し、香味野菜と白ワインビネガーをすっきり臭みなく煮込んだハチノスを使ったメランジェサラダ。パクチーとオリーブ、ケッパーで作るタプナードをなじませるように和えて、香りよく。グラナパダーノや黒オリーブのパウダーのコクや風味で、レモンや白ワインビネガーの酸味とのバランスを図る。

材料　仕込み量

牛ハチノス … 3kg
白ワインビネガー … 適量
A　生姜（スライス）… 適量
　昆布 … 1/2本
　香味野菜 … 適量
　白ワインビネガー … 適量
　岩塩 … ひとつかみ

仕上げ用

ハチノス煮込み … 適量
パクチー … 適量
セロリ … 適量
レモンの絞り汁 … 適量
白ワインビネガー … 適量
EXV オリーブオイル … 適量
塩、胡椒 … 各適量
＊パクチータプナード … 適量
グラナパダーノ … 適量
ブラックオリーブのパウダー … 適量

＊パクチータプナード

グリーンオリーブ … 200g
ケッパー … 50g
パクチー … 100g
EXV オリーブオイル … 適量
白ワインビネガー … 適量

グリーンオリーブとケッパーをブレンダーで回し、なめらかになってきたらパクチーを加えてさらに回す。EXV オリーブオイルと白ワインビネガーを加えてよく混ぜ合わせる。

仕込み

1 牛ハチノスは水洗いしてからたっぷりの水に適量の白ワインビネガーを加え、3回茹でこぼす。
2 茹でこぼしたハチノスとAを鍋に入れ、たっぷりの水を注いで火にかける。沸いたらアクを取り除き、弱火で8時間煮込む。
3 煮汁から取り出し、水気を取って冷蔵保存する。

仕上げ

1 煮込んだハチノスは食べやすい大きさの細切りにする。セロリも同様に切る。（写真 a）
2 ボウルに①を入れ、パクチータプナード、塩、胡椒、レモンの絞り汁、白ワインビネガー、EXV オリーブオイルを順に加えてよく混ぜ、味をなじませる。（写真 b）
3 パクチーを加えてさらによく混ぜ合わせ、器に盛り、グラナパダーノを削りかけ、ブラックオリーブのパウダーを散らす。（写真 c・d）

POINT
・先にハチノスとセロリに味をなじませてからパクチーを加える。これでパクチーがしんなりしすぎない。
・ハチノスは仕込んでおくと、煮込み料理などにも活用できる。

a

b

c

d

Chef's comment

合わせたワインは地中海をのぞむイタリア・リグーリアの白、Bamboo Road。柑橘系の果実味がパクチーの香りを引き立て、ボリュームのあるエキス感がトリッパの旨みにも負けない。

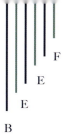

白センマイとクルミのサラダ

東京・外苑前『モツ酒場 kogane《こがね》』

まるでジェノベーゼのようなセンマイのサラダ。丁寧に洗い上げることでセンマイは臭みがなくなり、独特の歯応えがシャキシャキとした生野菜ともマッチ。爽やかな香りのバジルやレモン、食欲をそそるニンニクなど、しっかり混ぜ合わせていくことで全体が調和する。

a

b
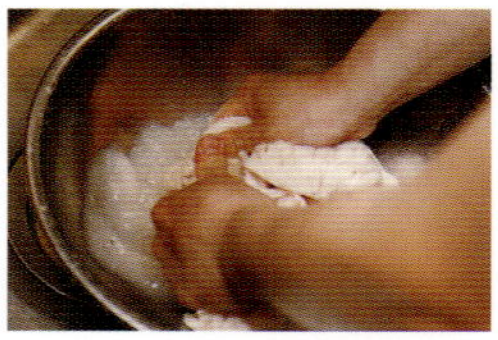

c

d

売価：700 円　原価率：23%　部位：牛センマイ

材料／1皿分

白センマイ … 60 ～ 70g
人参 … 1/5 本
胡瓜 … 1/2 本
セロリ … 1/2 本
塩、白胡椒 … 各適量
パルミジャーノ … 大さじ 1 と 1/2
＊バジルオイル、＊レモンドレッシング、＊ニンニクオイル漬け … 各適量
クルミ（ロースト）… 適量
パルミジャーノ … 適量

＊バジルオイル
バジルにオリーブオイルを加えてミキサーで回す。

＊レモンドレッシング
オリーブオイル２に対し、レモンの絞り汁１の割合で合わせる。

＊ニンニクオイル漬け
みじん切りにしたニンニクを素揚げにし、オリーブオイルに漬ける。

Chef's comment

おすすめの酒は酸もあり、旨みもしっかりある山廃純米酒。香草のサラダとの相性がいい。

仕込み

1　白センマイはたっぷりの塩をまぶしてよくもみ、流水で丁寧に洗い、細かい汚れや臭みを取る。写真の白センマイは 1.5kg。（写真 a・b）
2　水気を取り、ヒダの部分を重ねてせん切りにする。
3　胡瓜、人参、セロリもせん切りにし、水にさらして水気を切っておく。

仕上げ

1　ボウルに白センマイ、胡瓜、人参、セロリを合わせ、塩、白胡椒、パルミジャーノ、バジルオイル、レモンドレッシング、ニンニクオイル漬けを加えてしっかり和える。（写真 c）
2　器に盛り、ローストしたクルミをつぶしながら散らし、パルミジャーノをふる。（写真 d）

牛ハツのタタキとパクチーのヤム風サラダ

東京・外苑前『モツ酒場 kogane《こがね》』

コリコリとした食感が特徴的なハツのたたきを香りが独特なパクチーとサラダに。個性的な素材に合わせ、調味料にも特有の香り、旨み深い塩味を持つ魚醤を使用。パリッとさせた野菜も加え、全体をよくなじませることで味がまとまる。

売価：800 円　原価率：24%　部位：牛ハツ

材料／１皿分

牛ハツ … 80 〜 90g
塩、白胡椒 … 各適量
＊コラトゥーラ（魚醤）… 適量
ごま油 … 適量
胡瓜（せん切り）、赤玉ねぎ（せん切り）、セロリ（せん切り）… 各適量
パクチー … 適量

●魚醤ドレッシング（割合）

＊ガルム（魚醤）… 1
レモン汁 … 1
オリーブオイル … 2
ハチミツ … 適量
塩、白胡椒 … 各適量

煎り白ごま … 適量

＊コラトゥーラとガルム

どちらもイタリア産の魚醤で、右側のコラトゥーラはイタリアの伝統的な製法で造られたもので、より風味が強い。左側のガルムはドレッシングに使用する。

作り方

1 牛ハツはスジや太い血管の入っている部分を取り除き、約 200g の固まりにサク取りする。（写真 a）
2 塩、白胡椒をふり、炭火の焼き台にのせ、表面を返しながら炙る。（写真 b）
3 炙ったハツを細切りにし、塩、白胡椒、コラトゥーヤ、ごま油を少量ずつ加えて下味をつける。（写真 c）
4 ボウルに水にさらした胡瓜と赤玉ねぎ、セロリ、4 〜 5 ㎝長さに切ったパクチー、③のハツを入れ、魚醤ドレッシングを加えてしっかり和える。（写真 d）
5 器に盛り、煎り白ごまをひねりながら散らす。

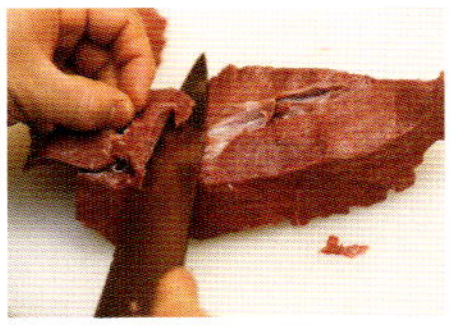

a

b

c

d

B E E F

ハチノスのカルパッチョ風

東京・西小山『fujimi do 243』

香味野菜でさっぱりと煮たハチノスをカルパッチョに。クセを和らげつつ、内臓肉の香りを残すポイントは煮汁に漬けたままで冷まし、さらに一晩漬け込むこと。この時間に煮汁に溶け込んだハチノスの味や香りが身に戻る。オイリーさを補うためのオイルはEXVオリーブオイルとブレンドオイルを使い、香りが強くなりすぎないようにする。

売価：600円　原価率：19％　部位：牛ハチノス

材料　仕込み量

牛ハチノス … 3kg
玉ねぎ … 1個
セロリ … 2/3本
人参 … 1/3本
ニンニク … 1かけ

仕上げ用　1皿分

煮込んだハチノス … 50g
塩、黒胡椒 … 各適量
ブレンドオイル、EXVオリーブオイル … 各適量
レモン … 適量
グラナパダーノ … 適量
ミント … 適量
ピンクペッパー … 適量

仕込み

1 牛ハチノスは茹でこぼす。鍋に入れてたっぷりの水を張り、適当な大きさに切った玉ねぎ、セロリ、人参、ニンニクを加えて3時間ほど煮る。
2 野菜を取り除き、煮汁につけた状態で冷まし、そのまま冷蔵庫で一晩おく。

POINT　煮込んだ汁につけておくことで、煮汁に溶けだしたモツの香りが身に戻る。

仕上げ

1 煮込んだハチノスをサク取りしてから、薄いそぎ切りにして皿に並べる。（写真a・b）
2 塩をして黒胡椒をミルで挽きかけ、2種類のオイルをかける。レモンを絞りかけ、グラナパダーノをふりかけ、ミントをちぎってのせ、ピンクペッパーをつぶしながらかける。（写真c）

POINT
・ハチノスは薄く切ることで食べやすく、味もなじみやすくなる。
・EXVオリーブオイルのみにすると、香りが強すぎるため、ブレンドオイル（オリーブオイルとひまわりオイルをブレンド）をあわせて使う。

a

b

c

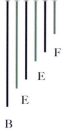

あったかい牛すじポン酢

東京・学芸大学『听屋焼肉』

同店のスープや煮込みの味のベースになるのが牛だし。焼肉に使う黒毛和牛を掃除した際に出るスジを使い、香味野菜とともにじっくり煮出して取る。このとき、煮込んだスジを商品化したのがこの料理。黒毛和牛らしい香り、旨みが溶け込んだスープにポン酢醤油をかけ、汁ごとさっぱり食べてもらう。

売価：680円　原価率：27%　部位：牛スジ

材料　仕込み量

牛スジ … 1.5kg
牛タン … 1kg
人参、玉ねぎ、セロリ、
　ねぎの頭 … 各適量
水 … 6ℓ

仕上げ用　2食分

牛スジ煮込み … 80g
牛だし … 70mℓ
ポン酢醤油 … 30mℓ
白髪ねぎ、万能ねぎ
　（小口切り）… 各適量

仕込み

1. 鍋に牛スジ、牛タン、人参、玉ねぎ、セロリ、ねぎの頭を入れ、水を加えて火にかける。（写真a・b）
2. 沸いたらアクを取り、弱火にして6時間ほど煮出す。途中、浮いてくるアクもこまめに取り除く。（写真c・d）
3. 野菜を取り除き、牛スジや牛タンを取り出し、だしをペーパータオルで漉す。

a

b

c

d

仕上げ

1. 小鍋に牛スジ煮込みと牛だしを入れて温める。
2. 温まったら1人前90gを器に盛り、ポン酢醤油を回しかけ、白髪ねぎ、万能ねぎをのせる。

POINT
・鍋肌についたアクもペーパータオルでふき取ると、きれいな澄んだだしになる。
・牛スジだけでなく、牛タン、端材肉なども合わせて煮込むことで、様々な料理に応用できる。

谷中生姜の牛タン巻き

東京・外苑前『モツ酒場 kogane《こがね》』

a

b
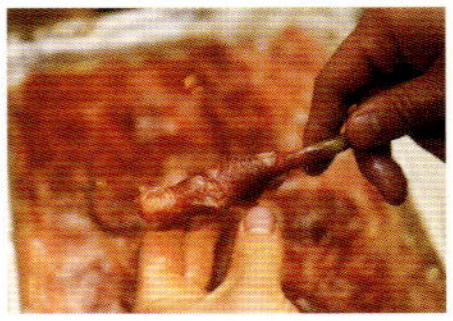

c

d

売価：700 円　原価率：20％　部位：牛タン

噛み応えのあるタンサキを薄くスライスして食べやすく、香りのいい谷中生姜を巻いてさっぱりとした焼き物に。タンにはあらかじめタレで下味をつけ、谷中生姜を手に持ってそのまま食べてもらう趣向。タレはもろみ味噌を加えたまろやかな味に作っている。

材料／1皿分

タンサキ（スライス）… 12 枚
＊タレ … 適量
谷中生姜 … 4 本
●ソース
＊タレ … 適量
バター … 適量
黒胡椒 … 適量

＊タレ（割合）
醤油 … 1
みりん … 1
酒 … 1
もろみ味噌 … 適量
醤油とみりん、酒を合わせて沸かし、もろみ味噌を加える。瓶に入れ、保存しておく。

仕込み

1　タンはタンサキの部分を使い、薄くスライスする。
2　バットにスライスしたタンを並べ、タレをかけ、ラップで覆い、冷蔵保存しておく。（写真 a）

仕上げ

1　谷中生姜1本に対し、タン3枚を使う。谷中生姜は掃除しておき、根の部分にタンを巻きつける。（写真 b・c）
2　炭火で焼き上げ、器に盛る。
3　小鍋にタレを熱し、煮つめてからバターでモンテし、黒胡椒をふってソースにし、②にかける。（写真 d）

リードヴォーと トウモロコシのかき揚げ

東京・外苑前『モツ酒場 kogane《こがね》』

仔牛からしか取れない希少部位“リードヴォー”のかき揚げ。衣に包まれたリードヴォーのフワフワとした食感、ミルキーな肉質、トウモロコシの甘さが魅力となり、格の高い一品に。塩、黒胡椒と羊乳のチーズのまろやかな塩味で肉の味を引き出す。

材料／1皿分

リードヴォー（仔牛の胸腺）… 80g
トウモロコシ（茹でてばらしたもの）… 40g
塩、黒胡椒 … 各適量
薄力粉 … 適量
天ぷら衣（水溶き天ぷら粉）… 適量
ペコリーノ・ロマーノ … 適量
揚げ油 … 適量

作り方

1 リードヴォーは水にさらしてから掃除し、ポーション分けして一口大にカットする。（写真 a）
2 ボウルにリードヴォーを入れ、塩、黒胡椒をふって味をなじませ、茹でたトウモロコシを加える。薄力粉をふり入れ、全体にまぶしてから天ぷら衣を入れ、リードヴォーとトウモロコシにからめる。（写真 b・c）
3 ②を四角く切ったオーブンシートの上にのせ、180°Cの油にそっと入れる。揚げているうちにシートがはずれてくるのではずす。（写真 d）
4 衣が色よくカリッとなったら油から取り出し、油を切る。
5 器に盛り、塩、黒胡椒をふり、ペコリーノ・ロマーノを削りかける。

POINT オーブンシートの上にのせて油に入れることで、かき揚げの形がきれいに整う。

Chef's comment

川西屋酒造の「隆」のシリーズは各地から取り寄せた酒米とその土地の水で造る純米酒。中でも赤紫ラベルは肉料理との相性がいい酒です。

a

b

c

d

売価：750円　原価率：20%
部位：牛胸腺

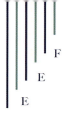

アルティザン　モツの煮込み

神奈川・横浜『restaurant Artisan』

売価：1800 円　原価率：25%　部位：牛ハチノス

ノルマンディー地方のトマトを使わないモツ煮込みを“アルティザン”風にアレンジ。ハチノスに豚足をバランスよく加え、旨みの素となるゼラチン質をプラスし、さらに２種類のチーズを加えて味を深める。仕上げに薬草リキュールを加えて風味よく。この香りがまた丁寧に下処理したモツの香りを引き立てる。

材料　仕込み量

ハチノス … 1kg
豚足 … １本
●煮汁
白ワイン … 適量
鶏のだし … 適量
ブーケガルニ（ローズマリー、タイム、ローリエ、セロリの茎など）… 適量

仕上げ用
煮込んだモツ … 200g
塩、白胡椒 … 各適量
グリュイエールチーズ … 適量
パルミジャーノ … 適量
フィーヌゼルブ（セルフィーユ、ディル）… 適量
＊シャルトリューズ … 適量
EXV オリーブオイル … 適量
＊ピマンデスペレット … 適量

＊シャルトリューズ

フランスのリキュール。修道院に伝わる製法で、薬草をふんだんに使った独特の香りが特徴。

＊ピマンデスペレット

フランスのバスク地方、エスペレット村で作られる唐辛子。辛さだけでなく甘みもある。

仕込み

1. ハチノスと豚足は鍋に入れ、酢と塩を加えたたっぷりの水で茹でこぼす。これを３回繰り返して臭みを取り、水で洗う。（写真 a）
2. ハチノスは一口大に切る。（写真 b）
3. 鍋にハチノスと豚足を入れ、同量の白ワインと鶏のだしを注ぎ、ブーケガルニを入れて火にかける。（写真 c）
4. 沸いたら脂とアクを取り除き、フタをして弱火で６時間ほど煮込む。

POINT　豚足はゼラチン質が旨みになる。煮込んでいく間に煮くずれるので、骨ごと煮込む。

仕上げ

1. 注文が入ったら小鍋に煮込んだモツを取り、水を少し足し、フタをして温め、塩、白胡椒で味を調え、グリュイエールチーズを加えて火を止め、全体を混ぜ合わせる。（写真 d）
2. ①をココットに移し、パルミジャーノ、フィーヌドゼルブ、シャルトリューズ、EXV オリーブオイル、ピマンドデスペレットをふりかける。（写真 e・f）

a

b

c

d

e

f

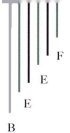

ランブレドット
（フィレンツェ風もつ煮込み）

東京・外苑前『モツ酒場 kogane《こがね》』

売価：700円　原価率：24%　部位：牛ギアラ

後からじんわりとくる辛さがクセになるギアラの煮込み。系列の3店舗はイタリアンというだけあって、調理法や調味料使いなど要所要所にイタリア料理の要素が散りばめられる。このもつ煮込みにも、イタリアのペースト状の辛口サラミを調味料として使用。じっくり炒めた野菜やアンチョビなど複雑な旨みも加味し、味わい深く仕上げている。

材料　仕込み量

上ギアラ … 1kg
長ねぎの頭、ローリエ、ワイン
　… 各適量
●煮汁
玉ねぎ、人参、セロリを炒めたもの
　… 200g
アンチョビ … 40g
ニンニク … 2片
＊ンドゥイヤ
　（辛口のペーストサラミ）… 90g
白ワイン … 食材の半量程度
イタリアンパセリ … 適量

仕上げ用
ギアラの煮込み … 100g
パルミジャーノ、オリーブオイル
　… 適量
栃尾揚げ … 1/2 枚
イタリアンパセリ … 適量
黒胡椒 … 適量

＊ンドゥイヤ

イタリア・カラブリア州発祥の辛口のペースト状のサラミ。スパイシーな味でパスタやピッツアの調味料としても使われる。

仕込み

1　ギアラは鮮度のよいものを使い、塩でもみ洗いし、さらに小麦粉でもんで流水でよく洗い、水から茹でて一度茹でこぼす。（写真 a）
2　①のギアラを長ねぎの頭やローリエ、白ワインを加えて5～6時間茹でる。
3　ギアラが十分柔らかくなったら茹でこぼし、冷ましてから細切りにする。（写真 b）
4　鍋にギアラと煮汁の材料を入れ、20 ～ 30 分煮込む。（写真 c・d）

POINT
・ギアラ特有の臭みは塩、小麦粉の2段階で取ることで煮上がりの味がすっきりとする。
・野菜は先にじっくりと炒めて甘みや旨みを出しておくことで、煮汁の味が深まる。

仕込み

1　ギアラの煮込みを小鍋に取って温め、パルミジャーノ、オリーブオイルを加えてよく混ぜ合わせる。（写真 e）
2　栃尾揚げの両面を炭火で炙り、半分に切って器に盛る。（写真 f）
3　栃尾揚げの上に①をのせ、パルミジャーノ、イタリアンパセリを散らし、黒胡椒をミルで挽きかける。

Chef's comment

濃厚なモツ煮込みを受け止めてくれる素材として、栃尾揚げに注目。軽く焼いて外側のパリッとした食感を活かします。

a
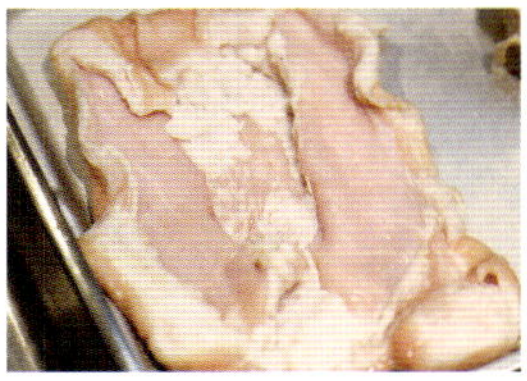

b
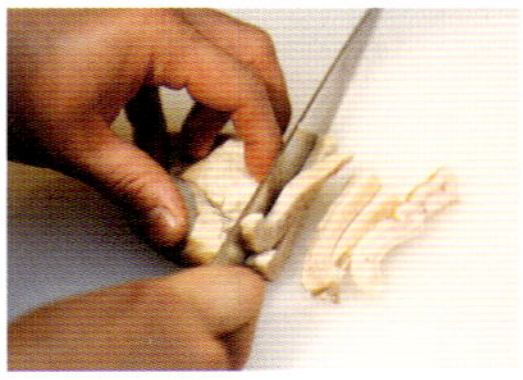

c

d

e

f

牛タンと白インゲン豆のトマト煮

東京・学芸大学『听屋焼肉』

売価：780円　原価率：20%　部位：牛タン

カウンター席では女性の一人焼肉も多い同店では、つまみメニューも充実。ナチュールワイン中心のラインナップに合わせ、優しい味わいの料理を用意する。牛タンと白インゲン豆の煮込みもトマトシチューのようなほっとする味。牛タンは牛だしを取る際に、一緒に煮込むことで省力化を図る。

材料／ 10～11食分

＊煮込んだ牛タン … 900g
→ 47 ページ
白インゲン豆 … 200g
オリーブオイル … 30g
ニンニク（みじん切り）… 10g
唐辛子（小口切り）… 0.5g
玉ねぎ（みじん切り）… 60g
セロリ（みじん切り）… 40g
ベーコン（みじん切り）… 50g
＊牛だし … 300mℓ
→ 47 ページ
ダイスカットトマト（水煮缶）… 700g
ローズマリー … 2本
無塩バター … 30g
塩 … 12g

仕上げ用

牛タンと白インゲン豆のトマト煮 … 180g
EXV オリーブオイル … 3 mℓ
黒胡椒 … 0.1g

仕込み

1 煮込んだ牛タンは2㎝角くらいに切る。白インゲン豆は水につけて戻し、軽く茹でる。
2 鍋にオリーブオイルとニンニク、唐辛子を入れて火にかける。
3 香りが立ってきたら玉ねぎ、セロリを加えて炒める。野菜の水分が飛んできたら、ベーコンを入れ、ベーコンの脂を出すように炒める。（写真 a）
4 ③に牛だし、トマト水煮、煮込み牛タン、戻した白インゲン豆を入れてひと煮立ちさせ、ローズマリーとバターを加え、塩で味を調える。時々、鍋底からかき混ぜながらフタをして弱火で 20 ～ 30 分煮込む。（写真 b・c）

POINT
・牛タンは煮込んでいくうちに煮崩れていくので、やや大きめにカットする。
・煮込みの最後にバターを加えることで、まろやかな味わいに仕上がる。

仕上げ

1 鍋に牛タンと白インゲン豆のトマト煮を入れて温める。
2 器に盛り、EXV オリーブオイルを回しかけ、黒胡椒をミルで挽きかける。

a

b

c

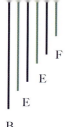

牛タン Lemon

東京・茅場町『L'ottocento』

売価：1200 円　原価率：28%　部位：牛タン

北イタリアの郷土料理・ボリートミスト（牛肉の茹で肉料理）から着想を得たパスタ。「浅草開化楼」の低加水パスタのもっちりとした食感に牛タンと魚のだしをたっぷり吸わせる。食べ進めるうちに感じる魚のだし、レモンの酸味、苦みと味が一体となり、ここでしかない味を作り出す。

Chef's comment

魚のだしと肉のだし、野菜のだしと、複合的な旨みを調和させることで、パスタに負けないソースが完成します。

a

b

c

d

e

f

g

材料　仕込み量

●牛タンラグー
牛タン … 1kg
マリネ用
　塩 … 肉の重量の 0.9%
　ニンニクアッシェ … 2個分
　ローリエ … 2枚
　レモンの皮 … 1/2 個分
　ブレンドオイル … 肉の重量の5%
白ワイン … 適量
ブレンドオイル … 適量
牛脂 … 肉の重量の2%
玉ねぎソフリット … 肉の重量の30%
魚ブロード … 肉の重量の 50%

●フリアリエッリのソテー
フリアリエッリ（かぶの菜の花）… 1kg
ニンニクアッシェ … 10g
アンチョビ … 10g
オリーブオイル … 3g

仕上げ用（1皿分）
パスタ（トンナレッリ）… 150g
牛タンラグー … 70g
＊魚のブロード … 60g
トマトソース … 15g
オリーブオイル … 8g
ミニトマトのソテー … 15g
フリアリエッリのソテー … 20g
レモンの皮、カルダモン、EXV オリーブオイル、イタリアンパセリ … 各適量

＊魚のブロード
タイの頭や中骨などを煮出して取る魚のだし。中華の白湯スープのように濃厚に取り、肉料理にも使う。

仕込み

［牛タンラグー］
1 牛タンは皮をむき、マリネ用の調味料をまぶして密封し、冷蔵庫で一晩マリネする。
2 マリネした牛タンに白ワインをふりかけ、30 分おいてからブレンドオイルを熱したフライパンでソテーし、全面に焼き目をつける。
3 鍋にソテーした牛タンに牛脂、ブレンドオイル、玉ねぎソフリット、魚ブロードを加えて3時間煮込む。
4 牛タンを取り出し、煮込んだ汁をバーミックスで回す。取り出した牛タンは1cm 角に切り、煮汁に戻して保存容器に入れ、冷蔵保存する。（写真 a）

POINT　牛タンは細かく切りすぎず、角切りにすることで存在感を出す。

［フリアリエッリのソテー］
フリアリエッリは、ニンニクとアンチョビを熱したオリーブオイルでソテーする。

POINT　下茹でせずにソテーすることで、野菜の苦みや香りをそのまま活かす。

仕上げ

1 パスタはたっぷりの湯で1分半ほど茹でる。
2 鍋に牛タンラグーを温め、魚ブロード、トマトソース、オリーブオイルを加えて混ぜ合わせる。（写真 b・c）
3 ①のパスタを②のソースに加え、ソースを吸わせるように煮込み、ソテーしたミニトマトとフリアリエッリを加えてなじませる。（写真 d・e）
4 パスタがほどよい固さになったら器に盛り、レモンの皮をすりおろしてかけ、カルダモンをふり、EXV オリーブオイルを回しかける。粗く刻んだイタリアンパセリを散らす。（写真 f・g）

B E E F

クッパ風辛い雑炊

東京・学芸大学『听屋焼肉』

焼肉や酒のしめに、気軽に食べてもらおうと開発。具材は煮込んだ牛肉とキクラゲだけとシンプルにし、牛だしをベースに豆板醤、コチュジャンで辛味をもたせた。お腹いっぱいでもスープのコクや辛さがクセになり、するすると食べられると好評。しめにぴったりの程よい量ですすめる。

売価：780 円　原価率：28％　部位：牛切り落とし

材料／１食分

＊牛だし … 200㎖　→ 47 ページ
豆板醤 … 20g
コチュジャン … 20g
＊牛切り落としの煮込み … 40g
キクラゲ … 20g
ご飯 … 130g
溶き卵 … １個分
煎り白ごま … 適量
糸唐辛子 … 少々
万能ねぎ（小口切り）… ５g

＊牛切り落としの煮込み

牛だしを取るときに、切り落としや端肉も一緒に煮込んでおく。

作り方

1 鍋に牛だし、豆板醤、コチュジャンを入れ、よく混ぜながら温める。（写真 a）
2 ①に牛切り落としの煮込み、キクラゲ、ご飯を入れて軽く煮込み、沸いたら溶き卵を回し入れる。（写真 b・c）
3 器に盛り、煎り白ごま、糸唐辛子、万能ねぎを散らす。

Chef's comment

煮込んだ肉やご飯の柔らかさに、キクラゲのコリコリとした歯応えがアクセントになります。

a

b

c

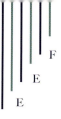

PORK

P O R K

角煮と酒粕ブルーチーズ

東京・渋谷『酒井商会』

豚バラ肉を焼き固めてから柔らかく蒸し、さらに煮込む過程を経て、さっぱりと脂も落ち、酒井商会が揃える優しい味わいの自然派ワインや純米酒ともよく合う。上にのせる酒粕とブルーチーズが珍味のようにクセになり、酒好きにはたまらない。酒粕は塩蔵して三年寝かせたものを取り寄せる。

a

b

c

d

売価：750円　原価率：35%　部位：豚バラ

材料　仕込み量

豚バラ肉（固まり）… 1kg
●角煮の煮汁（割合）
濃口醤油 … 1
みりん … 1
カツオだし … 8
三温糖 … 適量
水あめ … 適量

水溶き片栗粉 … 適量
酒粕（塩蔵）… 適量
青み（菜の花）… 適量
ブルーチーズ … 適量

仕込み

1　豚バラ肉は固まりのままフライパンに入れ、表面を焼き固め、蒸し器で3～4時間蒸して柔らかくする。
2　いったん冷蔵庫で冷やしてから、16カンに切り分け、煮汁で20～30分煮含める。そのまま冷まし、翌日から使う。（写真a・b）

POINT
・角煮の甘味にはまろやかな甘味の三温糖と煮上がりにテリを出す水あめを併せて使用。
・切りやすくするため、蒸した豚肉は必ず冷蔵庫または冷凍庫で一度しめてから煮る。

仕上げ

豚角煮を煮汁で温めて器に盛り、煮汁に水溶き片栗粉でとろみをつけて張り、青みを添える。酒粕とブルーチーズをざっくりと合わせて上にのせる。（写真c・d）

POINT
酒粕は久保本家酒造の睡龍のものを塩蔵し、三年熟成させたもの。

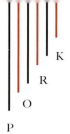

彩り野菜と角煮の甘酢和え

東京・三軒茶屋『コマル』

豚角煮をコマル流のつまみにアレンジ。角煮の脂が苦手な人にも食べてもらいたいと、甘酢をからめた素揚げ野菜と一緒にすすめる。角煮はトロトロにすると脂が気になるため、あえて歯応えのある固さに煮上げる。甘酢といっても甘すぎず、だしを使い、さらに追いガツオで旨みを強めている。

材料　仕込み量

豚バラ肉（固まり）… 1kg

●角煮の煮汁

だし、酒、みりん、醤油、生姜、長ねぎの頭部分 … 各適量

●甘酢

酒 … 50g
みりん … 50g
和だし … 200g
上白糖 … 30g
酢 … 25g
追いガツオ … 適量

仕上げ用

豚角煮 … 80g
なす … 1/2 本
パプリカ（赤・黄）… 各 15g
揚げ油 … 適量
三つ葉 … 適量

仕込み

1 豚バラ肉は 80 ～ 90g の大きさにカットし、圧力鍋に入れて水を注ぎ、圧力をかけて下茹でする。
2 鍋に①を入れ、煮汁の材料を加えて火にかけ、1時間ほど煮込んで味を入れる。
3 甘酢を作る。酒とみりんを合わせて煮切り、だしと砂糖、酢を加えて沸かし、追いガツオをして火を止め、漉す。（写真ａ・ｂ）

仕上げ

1 なすとパプリカを食べやすく切り、素揚げにする。
2 豚角煮を温めて半分に切り、器に盛る。（写真ｃ）
3 素揚げにしたなす、パプリカを甘酢で和え、②の上にのせ、三つ葉を飾り、甘酢をかける。（写真ｄ）

a

b

c
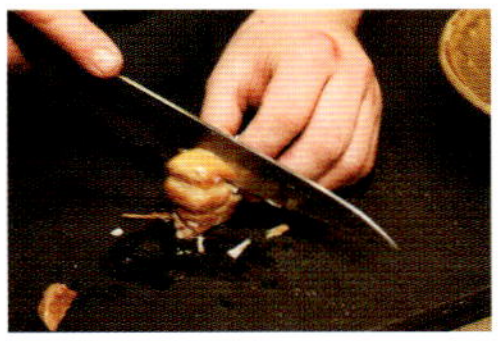

d

売価：700 円　原価率…30％　部位…豚バラ

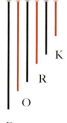

焼ナスの豚しょうが煮おろし

東京・三軒茶屋『コマル』

売価：500円　原価率：25%　部位：豚バラ

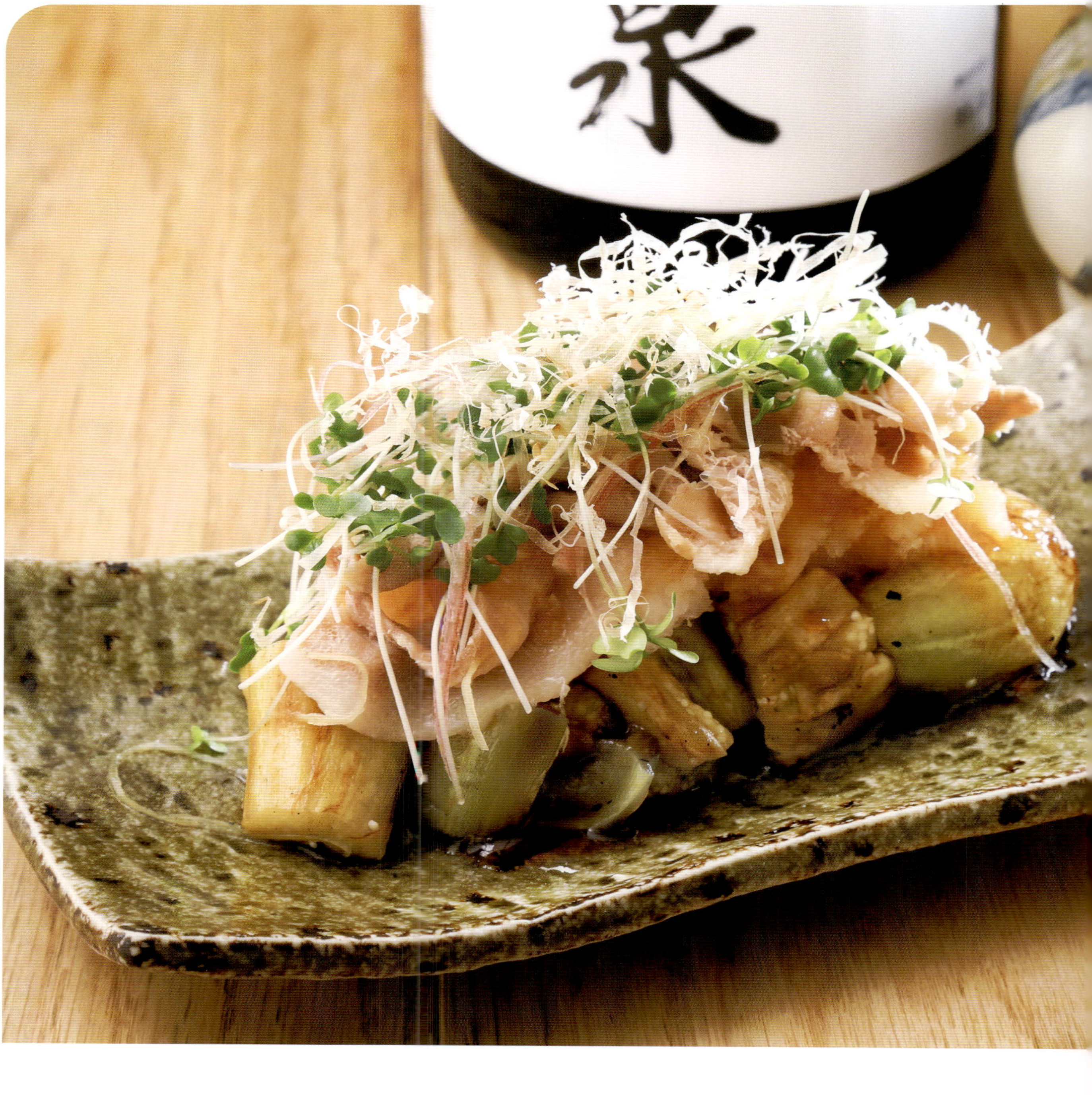

冷やした焼きなすに温かい豚生姜煮、さっぱりと大根おろし、かんずりの辛味を利かせたポン酢と、酒に合わないはずがないパーツを組み合わせて一皿に。なすをもっとおいしく食べてもらいたいと考案した夏向きの一品だ。豚バラの煮始めと煮終わりの二度に分けて針生姜を加え、より“生姜感”を出すのがポイント。

Chef's comment

全体の味を引き締めるのがかんずりポン酢。かんずりの旨みのある辛さ、大根おろしが豚バラをさっぱりとさせます。

材料／５～６皿分

豚バラ肉（スライス）
…300g
なす … 適量（大きさによる）
●煮汁
酒 … 50g
みりん … 50g
＊和だし … 300mℓ
針生姜 … 適量

醤油 … 40g
砂糖 … 40g
タカノツメ … ２本
塩 … ひとつまみ
長ねぎ … 適量

大根おろし適量
＊かんずりポン酢 … 適量
貝割れ大根、茗荷
（せん切り）… 各適量

＊和だし

だし昆布に水を加えて火にかけ、沸く前に昆布を取り出し、沸かしてからカツオ、アゴ、ウルメなどをミックスした削り節を加えて火を止め、漉す。

＊かんずりポン酢

ポン酢醤油にかんずりを混ぜたもの。

仕込み

1 豚バラ肉はひと口大に切る。
2 なすは皮に縦に切り目を入れ、焼き網で皮が焦げるまで転がしながら焼く。熱いうちに皮をむき、冷蔵庫で冷やす。（写真 a）
3 鍋に煮汁の酒とみりんを入れてしっかりと煮切り、和だしを加え、①の豚肉と針生姜の半量を入れて火にかける。（写真 b）
4 煮立ったらアクを取り、醤油、砂糖、タカノツメ、残りの針生姜、長ねぎを加え、塩で味を調えて 10 分煮る。（写真 c）
5 煮上がったら保存容器に煮汁ごと移し、そのまま冷まして味を含める。（写真 d）

POINT 針生姜やタカノツメ、長ねぎと香味野菜を加え、だしで煮ることで豚バラ肉の脂も抜け、さっぱりとした味に煮上がる。

仕上げ

1 注文が入ったら豚肉を温め直す。
2 冷やしたなすを食べやすく切って器に盛り、①の豚肉、水気を軽く絞った大根おろしを順にのせ、かんずりポン酢をかけ、貝割れ大根と茗荷を合わせたものを上に天盛りにする。（写真 e）

a

b

c

d

e

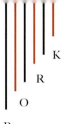

自家製腸詰

東京・神楽坂『十六公厘』

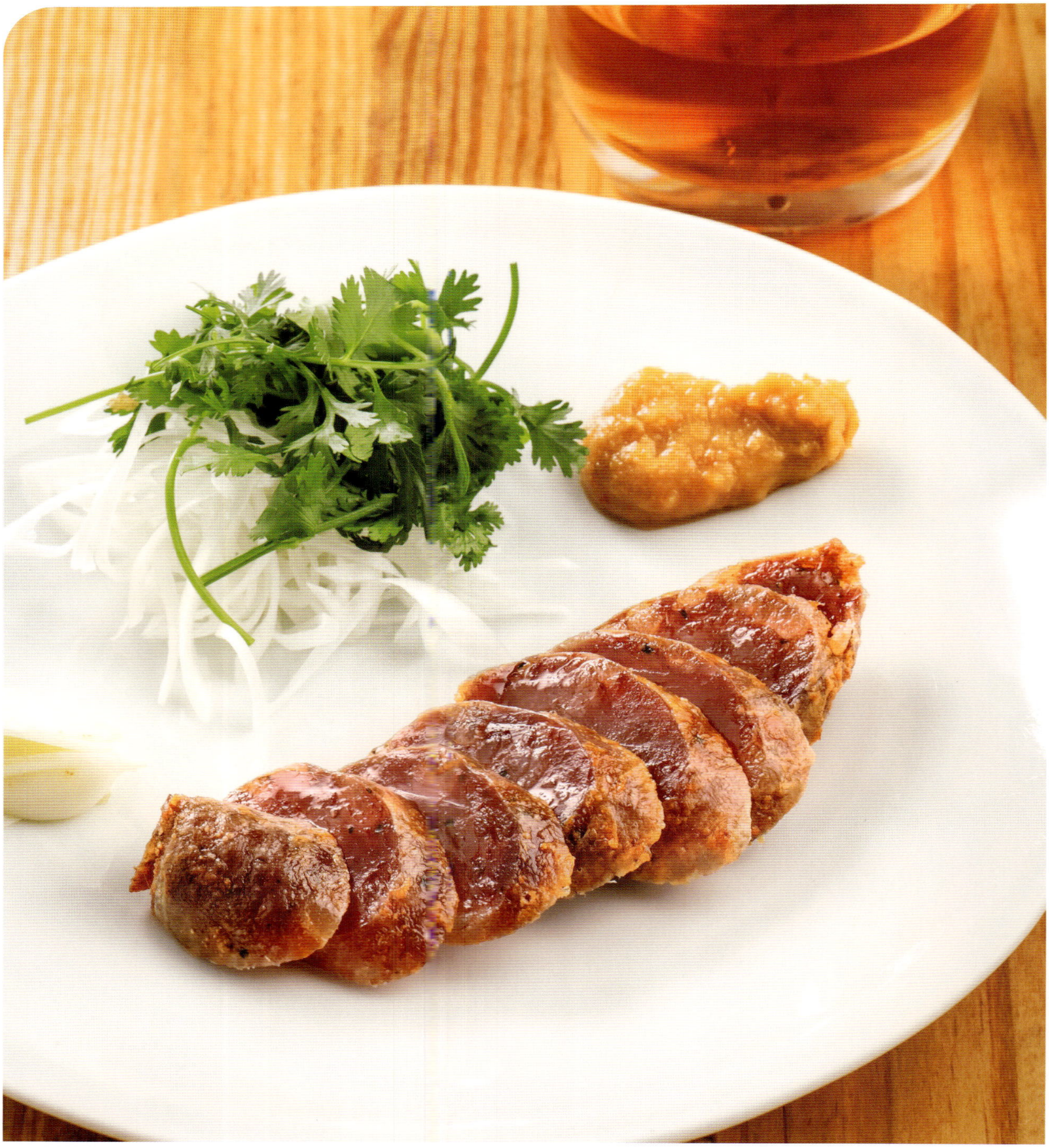

売価：850円　原価率：30%　部位：豚肩

店名の『十六公厘』の由来のもととなったのが、看板メニューの「自家製腸詰」。腸詰の挽き肉は、肉々しさを出すために直径16mmという大きさで粗挽きにしたもの。これを背脂やスパイスと合わせてゆっくり干し上げ、肉の旨みや風味を凝縮していく。提供時に油で揚げることで、腸詰の中で脂が溶け出しジューシーに。添えのみそがまたいいつまみ。

材料　仕込み量

豚肩肉 … 2 kg
背脂 … 200g
A ｜ おろしニンニク … 1片分
　｜ 胡椒 … 3 g
　｜ 五香粉 … 3 g
　｜ 塩 … 30g
　｜ ローズマリー（粉末）… 3 g
　｜ 砂糖 … 50g
　｜ ウォッカ … 100mℓ
豚腸 … 適量

仕上げ用
自家製腸詰 … 1本
さらしねぎ … 適量
パクチー … 適量
＊みそ … 適量
ニンニク（スライス）… 1片分
サラダ油 … 適量

＊みそ
合わせ味噌、ザラメ、酒を練り混ぜ、みじん切りのニンニク、生姜、玉ねぎ、豚ミンチを加えて炊き、一味唐辛子、黒胡椒で風味をつける。

仕込み

1 背脂は5mmの厚さにスライスし、冷凍しておく。
2 翌日、冷凍した背脂を5mm角にカットし、冷凍庫に入れておく。
3 豚肩肉はミンサーにかけやすい大きさのサイコロ状に切る。
4 豚腸は水につけて戻しておく。
5 ③を16mmのプレートのミンサーにかけ、粗挽きにする。
6 ボウルに16mmで挽いた肉を入れ、Aを加えて練り混ぜ、②の背脂を加えてさらに混ぜ合わせる。混ざったら生地をボウルに叩きつけて空気を抜く。
7 スタッファーに豚腸と生地を装着し、豚腸に生地を詰める。12～13cmの長さでねじり、タコ糸で縛る。
8 ⑦の腸詰を冷蔵庫に吊り下げ、1週間ほど乾燥させる。
9 乾燥させた腸詰を蒸気の上がった蒸し器で5分蒸し、上下を入れ替えてさらに5分蒸す。
10 蒸し上がったら氷水に取り、急速に冷やし、水気を取って再度冷蔵庫で1週間乾燥させる。（写真a）

POINT　干してから1か月くらいがいちばんおいしい。

仕上げ

注文が入ったら低温の油で揚げて温め、食べやすい厚みにスライスし、器に盛る。さらしねぎとパクチー、ニンニク、みそを添える。（写真b～d）

a

b

c
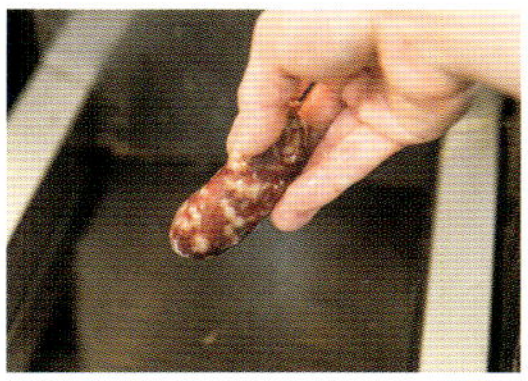

d

Chef's comment

腸詰をちゃんと作っているお店は少ない。「うちにきたらこれ」というメニューを作りたかったんです。

P O R K

ツブ貝の担々焼売

大阪・西天満『Az/ ビーフン東』

２～３か月に１度、新作が登場するという Az の焼売。撮影時はごまやラー油がきいた担々風味の豚ミンチの餡に、歯応えと味のアクセントにツブ貝をのせたもの。担々の味をしっかり利かせることで、つまみ感がより際立つ。担々味とツブ貝の組み合わせだけでなく、タコとオリーブなど新しい味を常に創作する。

売価：900 円　原価率：30 ～ 35%　部位：豚挽き肉

材料／ 30 個分

豚ミンチ … 500g

A
- 白ねぎ（みじん切り）… 1本分
- ニラ（みじん切り）… 1束分
- ＊担々の素 … 100g
- 花椒粉 … 1g
- ラー油 … 少々
- 桂林辣椒醤 … 20g

焼売の皮 … 30 枚
ツブ貝（ボイル）… 15 個分
黒酢 … 適量
エシャロット（素揚げ）… 適量

＊担々の素

すりごま１kg、練りごま１kgを合わせ、適量の香辣醤、桂林辣椒醤、一味唐辛子、韓国唐辛子を混ぜ合わせたもの。

仕込み

1 豚ミンチに A の材料を加えてよく練り混ぜる。
2 焼売の皮を広げ、①の餡を一口分ずつ取って包み、中心に一口大にカットしたツブ貝をのせる。
3 保存容器に並べて冷凍保存する。（写真 a）

仕上げ

1 セイロに焼売を並べて蒸す。（写真 b）
2 蒸し上がったら黒酢をかけ、エシャロットの素揚げを散らす。（写真 c）

POINT エシャロットは粗く刻んで素揚げにし、サクサクの歯当たりをアクセントにする。

a

b

c

三元豚粕味噌焼き

東京・六本木『ぬる燗 佐藤』

味噌漬けの味噌が焼ける香ばしさ、これがまた酒をすすめる要素の一つ。三元豚を西京味噌と酒粕を合わせた中に漬けて、炭火で焼き上げる。シンプルだが、酒を呑ませる要素が成立する和の一品。二日間漬け込むことで、肉の中にまで味噌が浸透し、肉もしっとりと焼き上がる。

材料／1皿分

豚肩ロース肉 … 120g
●粕味噌床（割合）
西京味噌 … 4
酒粕 … 1
酒、みりん … 各適量

グリーンサラダ（フリルレタス、ベビーリーフ、水菜）… 適量
ミニトマト … 1個
おろし醤油ドレッシング … 適量

Chef's comment

西京味噌に酒粕を加えることで上品な味わいに。濃厚な味噌と酒粕の風味が燗酒によく合います。

仕込み

1 西京味噌と酒粕を練り混ぜ、酒、みりんで溶きのばし、粕味噌床を作る。
2 粕味噌床に豚肩ロース肉を2日間漬け込む。（写真a）

仕上げ

1 注文が入ったら味噌床から取り出し、軽く味噌を落とし、焼き網にのせ、炭火で両面を焼く。焼き上がりまで約10分が目安。（写真b・c）
2 器にグリーンサラダとミニトマトを盛り、おろし醤油ドレッシングをかけ、①を食べやすく切って盛る。

POINT 酒をすすめるよう味噌は軽く落とす程度にし、味噌の焦げた風味も楽しんでもらう。

a

b

c

売価1200円　原価率25%　部位：豚肩ロース

PORK

厚切り豚唐揚げ にんにくソース

東京・神楽坂『十六公厘』

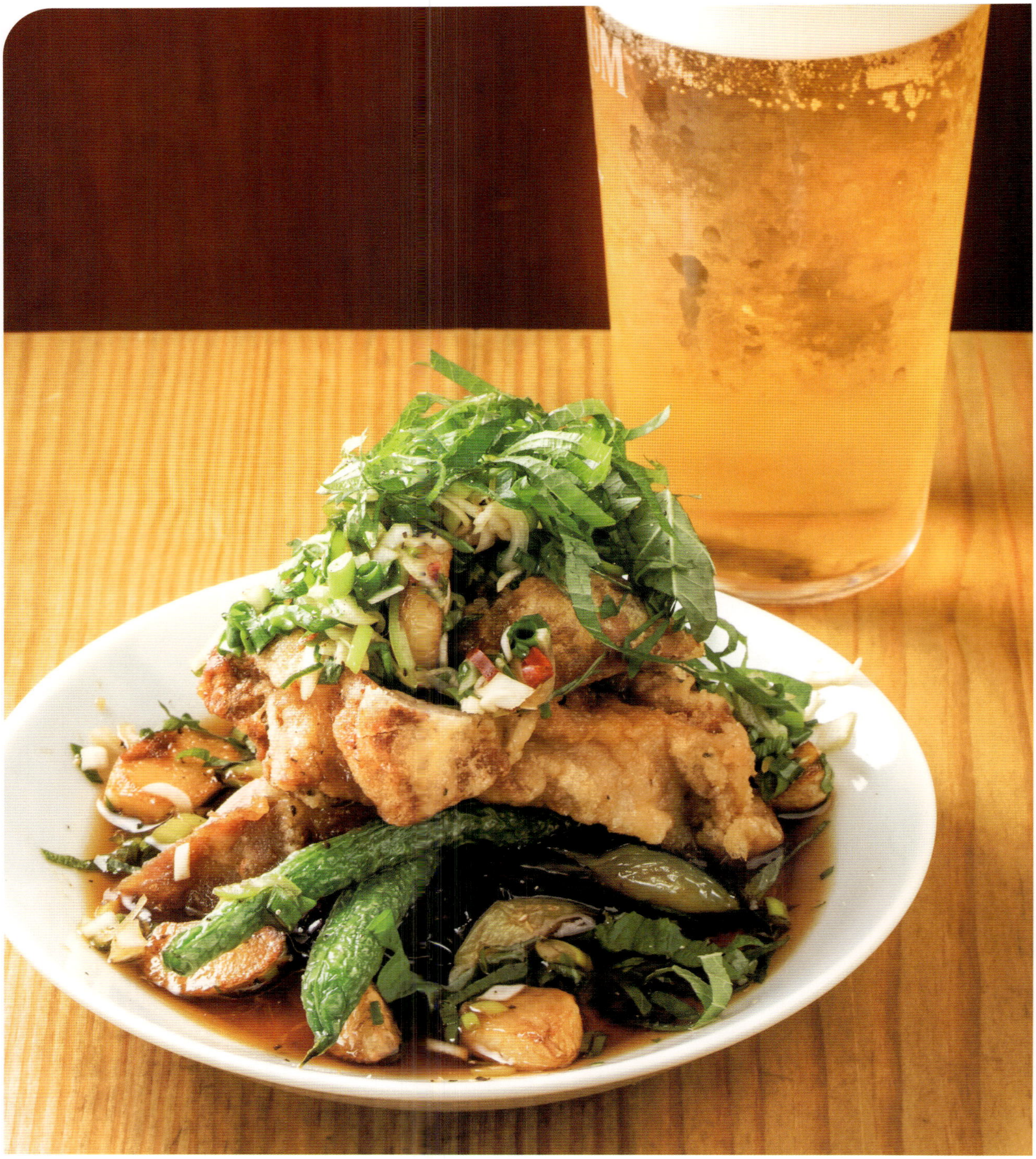

売価：980円　原価率：25%　部位：豚肩ロース

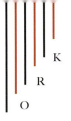

素揚げにしたニンニクとおろしニンニク、刻んだねぎを酸味のあるタレに混ぜてソースに。肉感をご馳走にし、厚切りで揚げる豚肉をさっぱりと食べさせる。野菜にもよく合うので、素揚げにしたなすやいんげんと一緒に盛り合わせる。大葉を添えることで爽やかさな香気を添える。

材料／1皿分

豚肩ロース肉 … 120g
塩、胡椒 … 各適量
片栗粉 … 適量
＊薄衣 … 適量
サラダ油 … 適量
なす … 1個
いんげん … 2本
●にんにくソース
ニンニク … 適量
白ねぎ（みじん切り）… 適量
青ねぎ（みじん切り）… 適量
タカノツメ（小口切り）… 適量
＊ベースのタレ … 大さじ1
おろしニンニク … 適量

大葉（細切り）… 適量
黒胡椒 … 適量

＊ベースのタレ（仕込み量）
醤油 … 600mℓ
酒 … 600mℓ
砂糖 … 200g
酢 … 600mℓ
おろしニンニク…適量

醤油と酒、砂糖を合わせて沸かし、冷ましてから酢を加える。このタレに使う量に応じておろしニンニクを加える。

＊薄衣
小麦粉2に対し、片栗粉1、白玉粉1の割合で合わせ、水で溶く。

Chef's comment
衣をサクサクにするため、衣には小麦粉、片栗粉、白玉粉をミックス。揚げ上がりに軽さが出ます。

作り方

1 豚肩ロース肉はスジを切り、塩、胡椒をして下味をつける。片栗粉をまぶし、薄衣をからませ、火が通るまでじっくり油で揚げる。（写真 a）
2 なすは皮面に隠し庖丁を入れ、大きめの乱切りにする。
3 ニンニクソースを作る。ニンニクは厚めにスライスし、油で色がついてくるまで揚げる。（写真 b）
4 ボウルに白ねぎ、青ねぎ、タカノツメを入れ、ベースのタレを加える。さらに素揚げにしたニンニク、おろしニンニクを加えて混ぜ合わせる。（写真 c・d）
5 豚肉の上がり際に、なすといんげんも油に入れ、素揚げにする。火が通ったら肉と野菜を引き上げ、油を切る。（写真 e）
6 器になすといんげんを盛り、豚肉を食べやすくカットして重ね、④のタレをたっぷりかける。細切りにした大葉をのせ、黒胡椒をふる。

POINT
ニンニクソースのベースは油林鶏にも使えるタレ。ここに素揚げにしたニンニクのほか、追いおろしニンニクもしてニンニクの風味を強めている。

a

b

c

d

e

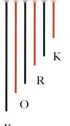

豚舌《とんたん》のカツレツ

東京・西小山『fujimi do 243』

売価：1500 円　原価率：25%　部位：豚タン

豚タン１本の根元から先まで、食感や味わいの違いを楽しませる、ボリューム感も魅力のカツレツ。時間をかけて煮上げたタンはすっとナイフが入る柔らかさで、見た目よりもずっと繊細な味わい。野菜の旨みの詰まったグリーンソースで味を変えながら、最後まで飽きなく食べられる。

材料　仕込み量

豚タン … 6本
煮汁
- 玉ねぎ（ざく切り）… 300g
- 人参（ざく切り）… 150g
- セロリ（ざく切り）… 70g
- ローリエ … 1枚
- 八角 … 3g
- ニンニク … 10g
- 白ワイン … 300g
- 塩 … 23g

仕上げ用

茹でた豚タン … 1/2本
塩、黒胡椒 … 各適量
強力粉 … 適量
溶き卵、グラナパダーノ（粉チーズ）… 各適量
パン粉 … 適量
ブレンドオイル … 適量
バター … 適量
＊ロマネスコ、かぶのマリネ … 適量
豚タンの煮込み汁 … 適量
ニンニクオイル … 適量
グラナパダーノ、カイエンペッパー、パプリカパウダー … 各適量
＊グリーンソース … 適量

＊ロマネスコ、かぶのマリネ

ロマネスコとかぶは食べやすい大きさに切り、グリルして焼き目をつけ、タイム、ローズマリーを加えたオイルに1日漬け込む。

＊グリーンソース

イタリアンパセリ … 30g
ケッパー … 140g
グリーンオリーブ … 136g
ニンニクアッシェ … 50g
塩 … 8g
オリーブオイル … 90g
材料をすべて合わせてフードプロセッサーで回す。

仕込み

1 鍋に豚タンを入れ、たっぷりの水を注いで火にかけ、沸いたら茹でこぼす。
2 ①のタンを鍋に並べて煮汁の材料を入れ、ひたひた程度の水を注いで火にかける。沸いたらアクを丁寧に取り除き、紙の落とし蓋をして約4時間煮込む。（写真a・b）
3 煮込んだタンは熱いうちに皮をむく。皮をむいたら冷蔵庫で冷まし、完全に冷えてから縦半分にカットし、ラップで包んで冷蔵保存する。煮込んだ汁はキッチンペーパーで漉し、別に冷蔵保存する。（写真c）

POINT　タンをカツレツにすると、根元はやわらかく、先の方はカリッとした食感になる。この違いを楽しんでもらうため、タンは縦半分にカットする。

仕上げ

1 フライパンにブレンドオイルを入れ、火にかける。
2 カットしたタンの片面に塩、黒胡椒をふり、強力粉をたっぷりつけてから余分な粉を落とし、グラナパダーノを混ぜた溶き卵にくぐらせ、パン粉をまぶす。（写真d・e）
3 熱したオイルに②を入れ、衣がカリッとするよう揚げ焼きにする。途中、バターを加えてオイルに溶かし、オイルをかけながら焼く。衣に色がついたらキッチンペーパーの上に取り、油を切る。（写真f）
4 器に③を盛り、ロマネスコとかぶのマリネを添える。
5 煮こごり状になった豚タンの煮込み汁を小鍋に取り、火にかけて煮つめ、ソースにしてかける。（写真g・h）
6 グラナパダーノ、ニンニクオイル、カイエンペッパー、パプリカパウダーを順にかけ、グリーンソースを添える。

POINT
・タンの形が複雑なので、打ち粉をたっぷりつけてから余分な粉を落とすことで、衣のつきがよくなる。
・パン粉はドライパン粉を細かくして使用。細かい方が油の切れがよくなる。
・旨みの溶けだした煮込み汁をソースに活用。

Chef's comment

肉々しいけど重くはない豚タンのカツレツには、軽やかで果実味のあるイタリア・カラブリア地域のロゼをおすすめします。

a

b

c
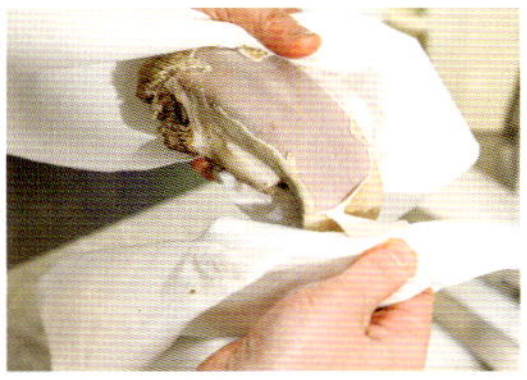
d

e

f

g

h

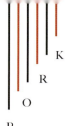

ジュウバーの肉団子

東京・神楽坂『jiubar《ジュウバー》』

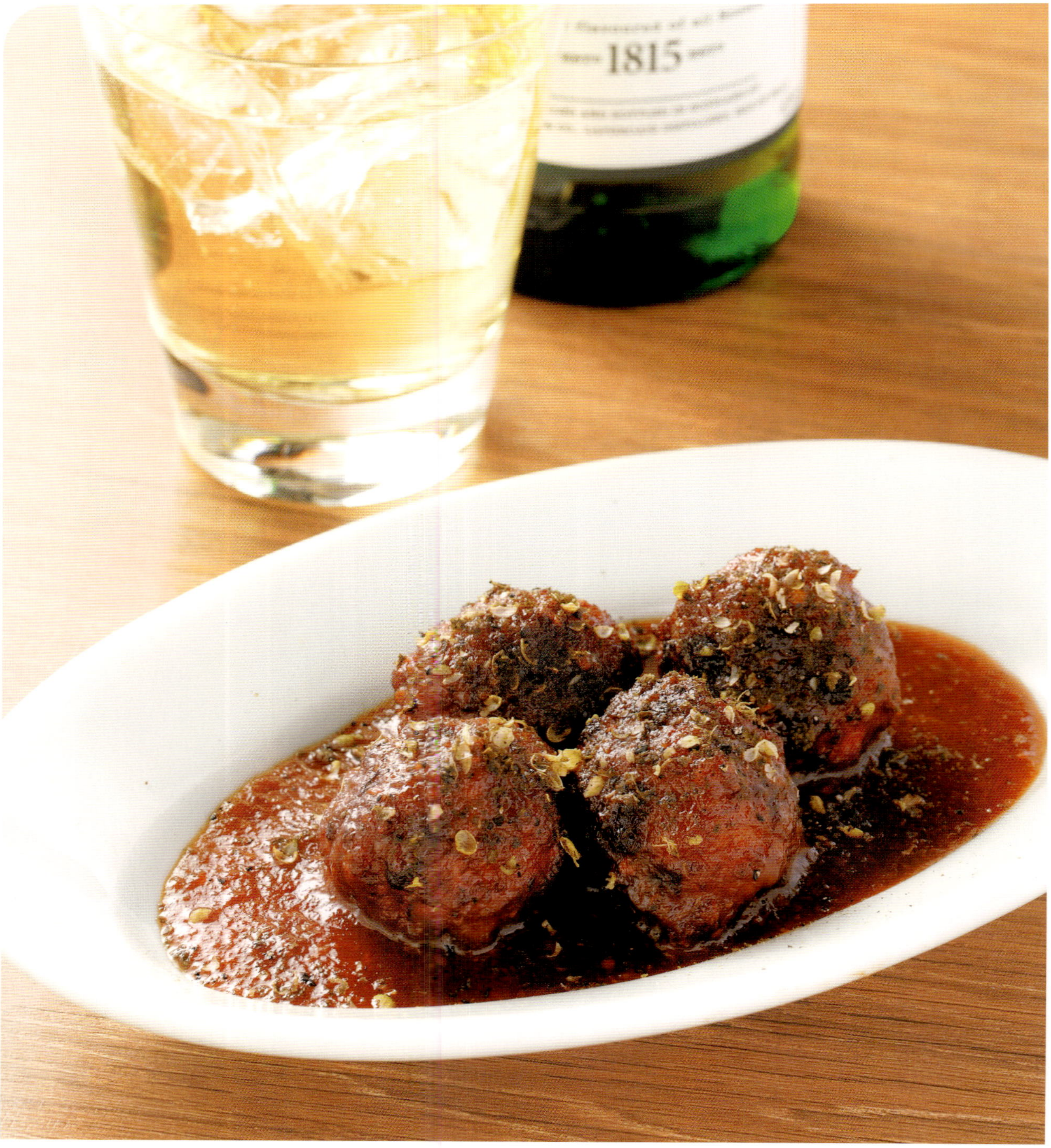

売価：680円　原価率：44.5%　部位：豚モモ

肉々しい肉団子の食べ応えに、濃厚ながら爽やかな酸味のソースが後を引くとお客のほとんどが注文する看板メニュー。肉団子は仕込みと仕上げの二段階で揚げて表面をカリッと香ばしく、ソースはフレッシュのトマトを使うことで酸味に奥行きを持たせる。挽き立ての青山椒の香りで爽快な印象に仕上げる。

材料／50食分

●肉団子

豚モモ粗挽き肉 … 5kg
玉ネギ（みじん切り）… 1.5kg
片栗粉 … 370g
塩 … 40g
ホワイトペッパー … 適量
ごま油 … 20g
卵 … 5個
おろし生姜 … 100g

●ソース

おろしニンニク … 400g
おろし生姜 … 400g
ピーシェン豆板醤 … 220g
朝天唐辛子（粉末）… 40g
醤油 … 680g
酢 … 680g
黒酢 … 680g
塩 … 140g
上白糖 … 900g
トマト … 2.8kg

サラダ油 … 適量
水溶き片栗粉 … 適量
青山椒（粒）… 適量

Chef's comment

ソースは甘酸っぱくて辛い、四川伝統の味付け“魚香”がベース。この味がクセになると「肉団子ご飯」を注文されるお客様もいるほどです。

仕込み

［肉団子］

1 肉団子の材料をよく混ぜ合わせ、1個40gの団子状に丸める。
2 サラダ油を熱し、①の肉団子を揚げる。
3 さらに蒸し器で蒸し、しっかりと火を通す。
4 冷めてから保存袋に入れ、冷蔵保存する。（写真a）

POINT 豚挽き肉は肉の食感を感じてもらうため、10mmの粗挽きにしたものを使用。冷凍保存では水分が飛んでしまうため、2～3日で使い切る分を冷蔵保存。

［ソース］

1 鍋にサラダ油を熱し、おろしニンニク、おろし生姜、豆板醤、唐辛子を炒めて香りを出す。
2 醤油と酢、黒酢、塩、上白糖を合わせておく。
3 トマトを湯むきし、フードプロセッサーにかけてピューレ状にし、温める。
4 ①～③を混ぜ合わせて冷蔵保存する。（写真b）

POINT トマトのフレッシュ感を活かすため、温める程度で混ぜ合わせる。

仕上げ

1 注文が入ったら、1皿分4個の肉団子をサラダ油で表面がカリッとするまで揚げ、油を切る。（写真c）
2 油をなじませた鍋にソースを取って火にかけ、水溶き片栗粉でとろみを調整する。
3 ①の肉団子を入れてソースをからめ、ソースごと器に盛る。（写真d）
4 青山椒をミルで挽きながらかける。（写真e）

POINT 揚げて蒸した仕込み置きの肉団子を提供時にさらに揚げることでカリッとした食感を作り出す。

a

b

c

d

e

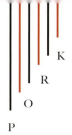

酢豚

東京・神楽坂『jiubar《ジュウバー》』

売価 1200 円　原価率 20%　部位：豚肩ロース

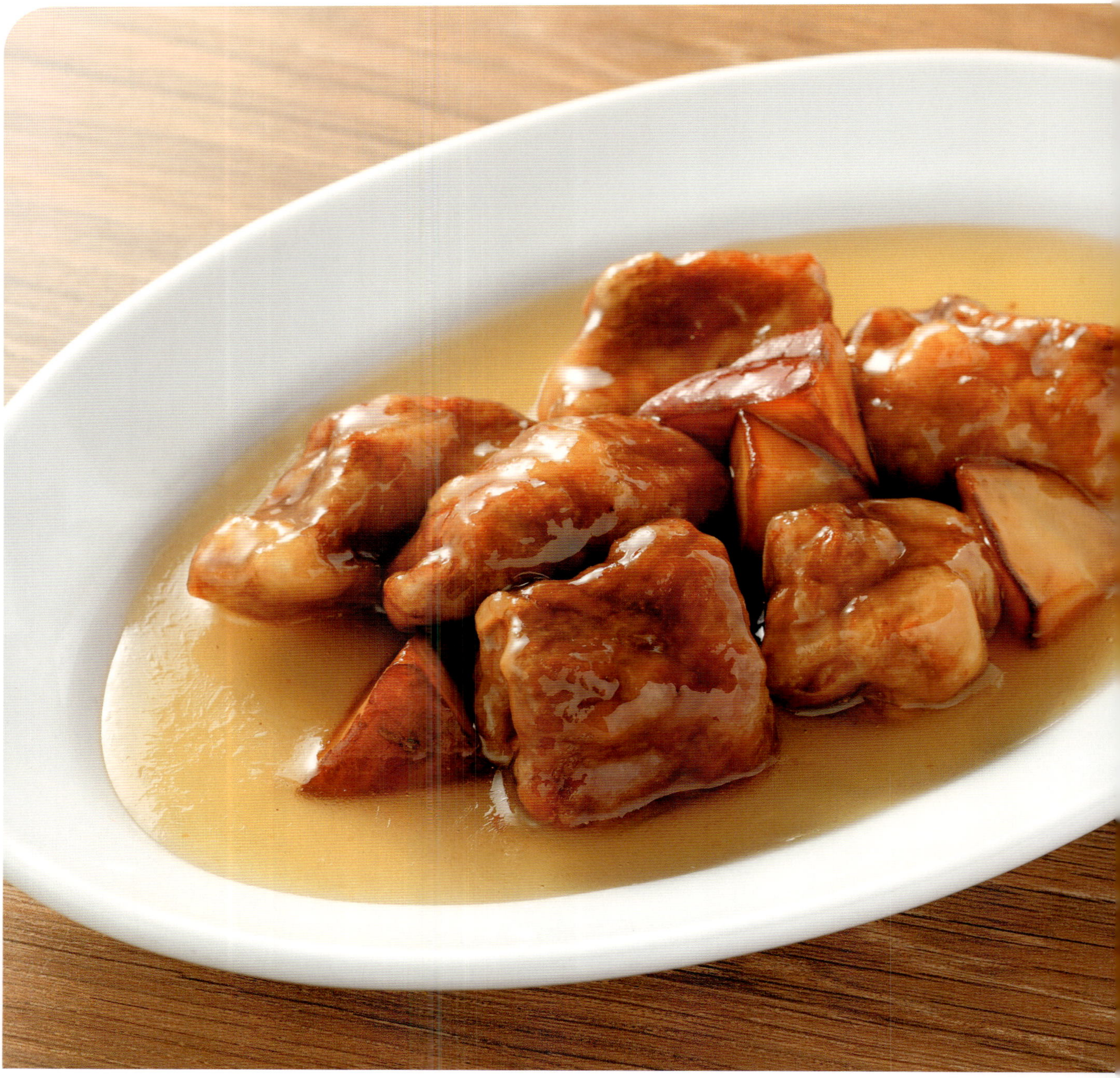

想像する酢豚とは一線を画する透明なあんが特徴。塩味で作る甘酢あんは、黒酢の甘だるさを排し、お酒により沿わせたいと試行錯誤して行き着いたもの。取り合わせる野菜も甘酢との相性がよいさつま芋のみにし、季節感よりも一定の味で提供することに主眼を置いた。

Chef's comment

さっぱり塩味の酢豚はジンや白ワインなどフルーティーな酒との相性も抜群です。

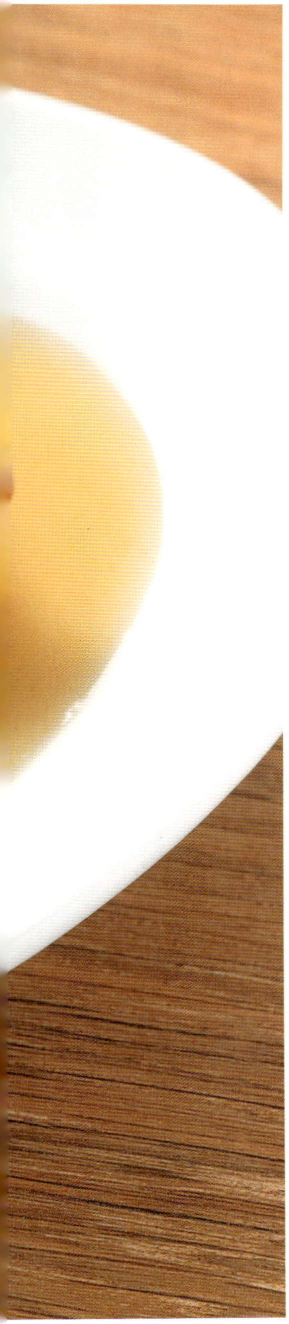

材料／約 15 食分

豚肩ロース肉 … 1本分（約 1.8kg）

●豚肉の下味

卵、おろしニンニク、おろし生姜、
　塩、ホワイトペッパー、日本酒、
　片栗粉 … 各適量

さつま芋 … 適量

サラダ油 … 適量

片栗粉 … 適量

水溶き片栗粉 … 適量

●甘酢

酢 … 640g

ザラメ … 560g

塩 … 100g

ハチミツ … 100g

水 … 1500mℓ

鍋に材料を混ぜ合わせて火にかけ、ひと煮立ちさせてザラメを溶かし、冷めてから保存容器に入れる。

仕込み

1 豚肉はサク取りし、両面に斜めに隠し庖丁を入れてから1切れ 20g の大きさに切る。
2 下味の調味料を合わせて①の豚肉を漬けておく。（写真 a）
3 さつま芋はひと口大に切り、蒸し器で蒸して火を通しておく。

仕上げ

1 注文が入ったら、1人前6切れの豚肉に片栗粉をまぶし、表面がカリッとなるまでサラダ油で揚げる。さつま芋も素揚げにする。（写真 b ～ d）
2 鍋に甘酢を入れ、水溶き片栗粉でとろみをつけ、①の豚肉とさつま芋を入れ、あんをからめ、器に盛る。（写真 e・f）

POINT 豚肉は隠し庖丁を入れることで火の通りと味も入りやすくなり、サクサクとした食感が生まれる。

a

b

c

d

e

f

P O R K

自家製 焼豚《チャーシュー》

東京・神楽坂『jiubar《ジュウバー》』

売価：980 円　原価率：20%　部位：豚肩ロース

かたまりで焼き上げ、熱々で提供するチャーシュー。漬けダレの黒胡椒のスパイシーさ、肉のジューシーさ、表面の香ばしさと、酒をすすめる要素を重ね、店おすすめのクラフトビールやアイラウィスキーのソーダ割りなどとの相性を高めた。

材料／10食分

豚肩ロース肉（かたまり）… 120g × 10

●漬けダレ

醤油 … 100g
オイスターソース … 100g
みりん … 100g
黒糖 … 50g
紹興酒 … 50g
ブラックペッパー（粗挽き）… 適量

仕上げ用

長ねぎ … 適量
チャーシューの漬けダレ … 適量

仕込み

1 豚肩ロース肉は1本120gのかたまりに切り分ける。
2 漬けダレの調味料をよく混ぜ合わせ、①の豚肉を漬け込み、ひと晩おく。
3 ②の肉を230°Cのオーブンで20分ほど焼き、9割がた火を通す。（写真a・b）
4 冷めてから冷蔵保存する。

POINT 漬けダレにはブラックペッパーをたっぷり加える。焼く段階でブラックペッパーのつきが甘い場合は、ブラックペッパーを肉にふってから焼く。

仕上げ

1 注文が入ったら、1皿分1本のチャーシューと適当な大きさに切った長ねぎを焼き網にのせ、長ねぎに漬けダレをかける。
2 オーブンで8分ほど焼く。（写真c・d）
3 焼き上がったら、長ねぎの表面の焦げた部分をむき、青い部分と白い部分に切り分け、皿に盛り、漬けダレをかける。（写真e）
4 ③の長ねぎの上にチャーシューをそぎ切りにしてのせる。

a

b

c

d

e

Chef's comment

仕込みで9割がた焼いて置き、注文が入ってから残りの1割を焼き上げることで、熱々で提供できます。

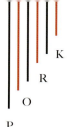

春キャベツの回鍋肉

東京・神楽坂『jiubar《ジュウバー》』

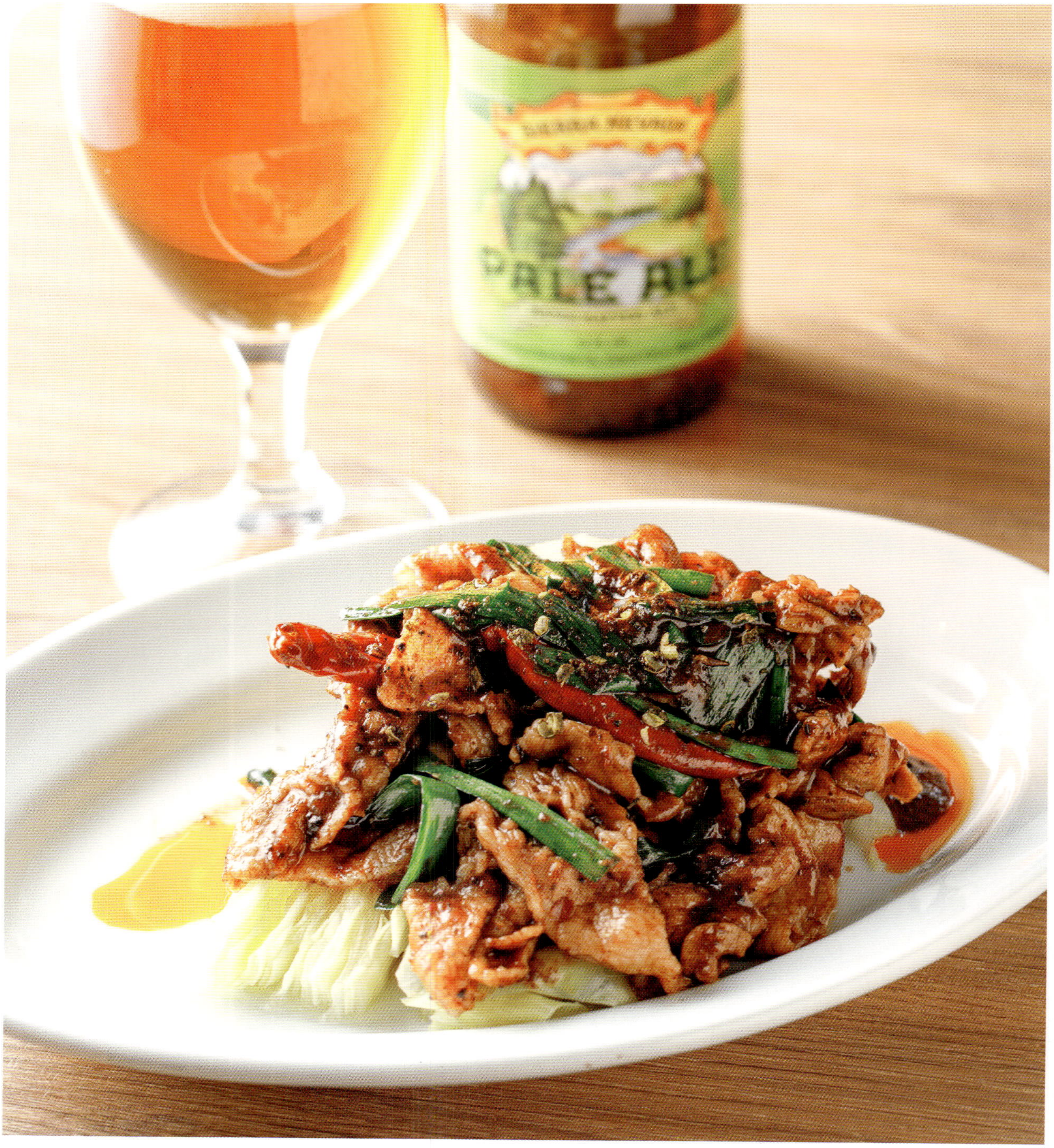

売価：1380 円　原価率：19%　部位：豚バラ

四川省・成都にある元祖・ホイコーローの店で出会ったピリッとスパイシーな味。日本の甘辛いホイコーローとは違う味をヒントに、やわらかく、甘みのある春キャベツをたっぷり食べてもらいたいと考案した。濃厚に味付けした豚肉が蒸しキャベツのソースのようになり、キャベツがよりおいしく食べられる。

材料／1皿分

キャベツ … 120g
豚バラ肉（しゃぶしゃぶ用）
… 80g
ニラ … 適量
サラダ油 … 適量
●ソース
刻みニンニク … 適量
ピーシェン豆板醤 … 適量
豆豉（刻んだもの）…適量
タカノツメ…2本
老酒、塩、上白糖、鶏スープ
… 各適量

ラー油 … 適量
青山椒（粒）… 適量

Chef's comment

濃厚なソースの味がクラフトビールの苦みと泡によく合います。

作り方

1 キャベツは芯をつけたまま、くし形に切る。豚バラ肉はしゃぶしゃぶ用にスライスしたものを半分に切る。ニラは4～5㎝長さに切る。
2 キャベツを蒸し器に入れ、8分ほど蒸す。（写真a）
3 蒸している間にソースを作る。刻みニンニク、ピーシェン豆板醤、豆豉をお玉に合わせ、サラダ油をなじませた鍋で炒め合わせ、香りが立ってきたらタカノツメ、老酒、塩、上白糖、鶏スープを加えて混ぜ合わせる。（写真b・c）
4 ③のソースに豚バラ肉を加えて炒め混ぜ、味がしっかり入ったらニラを加えてさっと炒め合わせる。（写真d）
5 蒸し上がったキャベツの芯をハサミで切り取り、食べやすくカットし、器に盛り、上に④をのせる。仕上げにラー油と青山椒を挽きかける。

POINT キャベツに味を入れないため、豚肉には濃厚なソースの味をしっかりからめる。

a

b

c

d

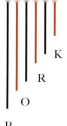

回鍋肉 Az スタイル

大阪・西天満『Az/ ビーフン東』

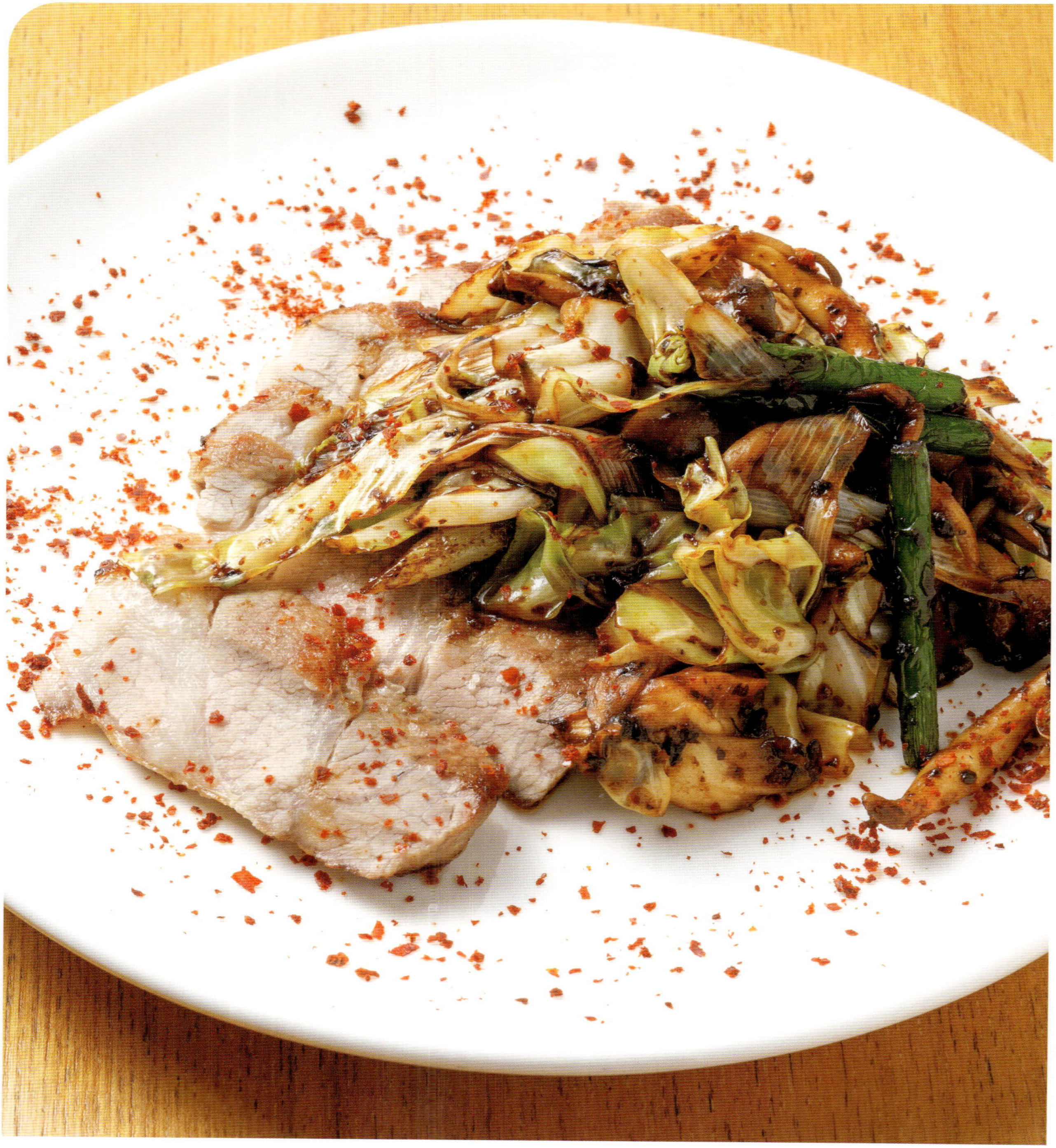

売価：1800 円　原価率：30 〜 35%　部位：豚肩ロース

豚肉と野菜を炒め合わせないのがAzのスタイル。銘柄豚のおいしさを存分に味わってもらえるホイコーローを作りたいと、豚肉は繊細に火入れし、ロゼ色に焼き上げる。野菜は別に合わせた味噌で炒め、これが豚のソースになる。厚切りの豚肉は噛みしめると内側から肉汁があふれ、野菜もまたおいしくなる。

材料／1皿分

豚肩ロース肉 … 150g
サラダ油 … 適量
キャベツ（ざく切り）… 適量
しめじ（根元をほぐす）… 適量
ニンニクの芽（4～5㎝長さに切る）
… 適量
白ねぎ（斜め切り）… 適量
＊ホイコーローソース … 適量
塩 … 適量
韓国唐辛子 … 適量

＊ホイコーローソース（割合）
豆豉… 1
豆板醤… 1
甜面醤…1.5
醤油… 1
日本酒…適量
刻みニンニク、サラダ油…各適量
サラダ油と刻みニンニクを熱し、豆豉、豆板醤、甜面醤を加えて炒め合わせ、醤油、日本酒を加えてとろみがつくまで煮つめる。

作り方

1 フライパンに油を熱し、豚肩ロース肉をのせ、250°Cのオーブンに入れ、2分火入れする。いったん取り出して裏に返し、再度オーブンに入れ、2分火入れする。（写真a）
2 豚肉をオーブンから取り出し、アルミホイルをかぶせて10分休ませる。
3 ニンニクの芽は油通しする。
4 鍋にサラダ油をなじませ、キャベツ、しめじ、ニンニクの芽、白ねぎを炒め合わせる。（写真b・c）
5 油が回ったら、ホイコーローソースを加えてあおり、全体をなじませる。（写真d）
6 ②の豚肉をフライパンに戻し、カリッと香ばしさが出るまで両面をソテーする。（写真e）
7 ソテーした豚肉をそぎ切りにし、器に盛って塩を薄くふり、⑤の野菜をのせ、韓国唐辛子をふる。（写真f･g）

a

e

b

f

c

g

d

POINT 茹でて蒸す調理が多いホイコーローだが、豚の味が抜けてしまう欠点がある。これを防ぐため、豚肉と野菜は別々に調理する。

Chef's comment

豚肉は香ばしさを出したいため、火入れの仕上げにソテーします。こんがりと焦げ色をつけることで、旨みがさらに増します。

PORK

レバみそ炒め

東京・神楽坂『十六公厘』

売価：750円　原価率：20%　部位：豚レバー

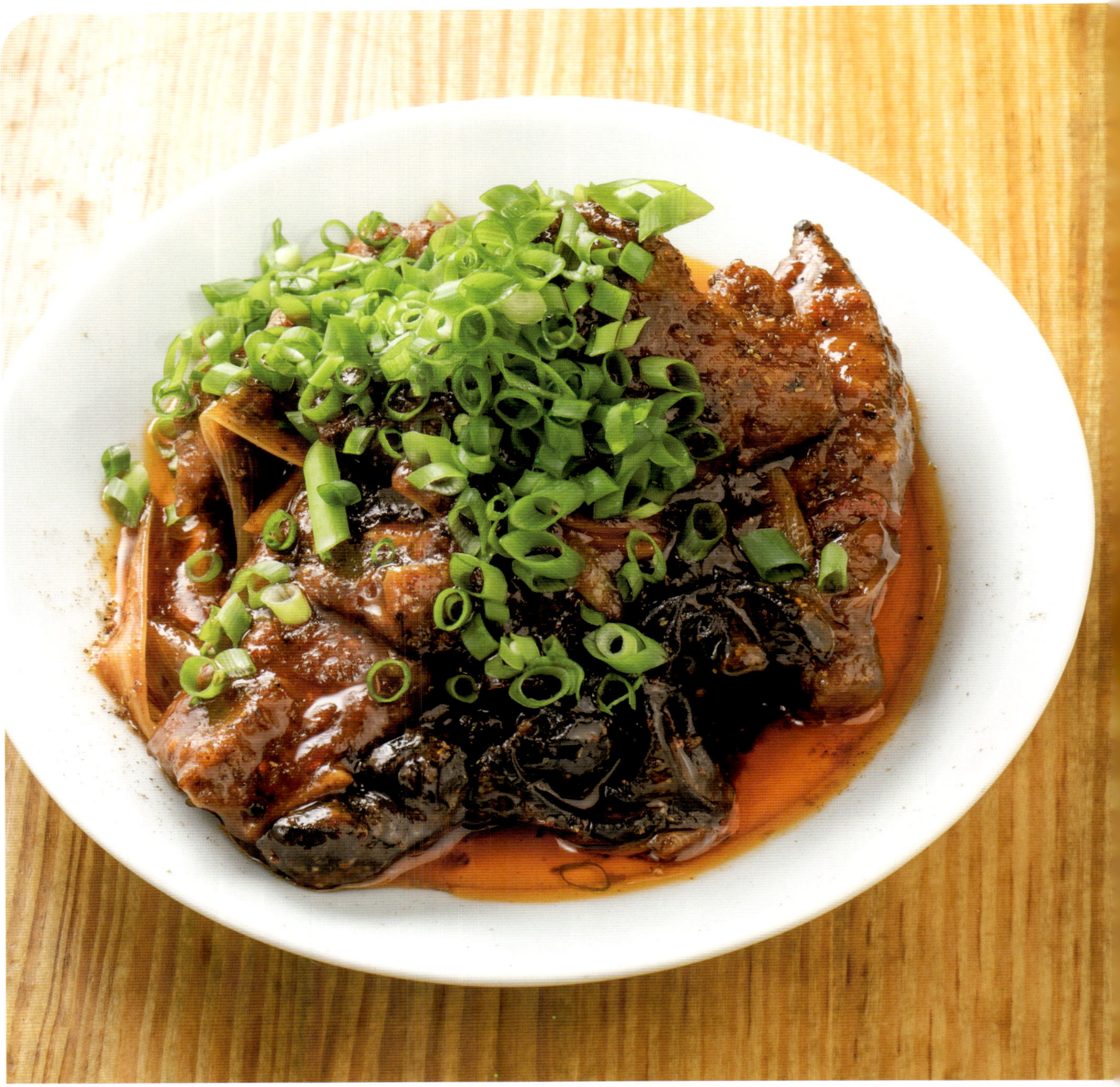

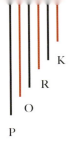

濃厚な味噌の味がレバーのコクに相まって、さらに濃厚。ハイボールや生姜サワーなど、泡の爽快感がほしくなる一品。鮮度のいいレバーを使うことで臭みはなく、厚切りで食べ応えを十分に出す。ねっとりしたレバーに少し違う歯触りをと、コリコリしたキクラゲを合わせた。

Chef's comment

自分が好きな炭酸系のアルコールに合うつまみを作りたいというのが店の出発点。レバーは濃厚味でアルコールをすすめます。

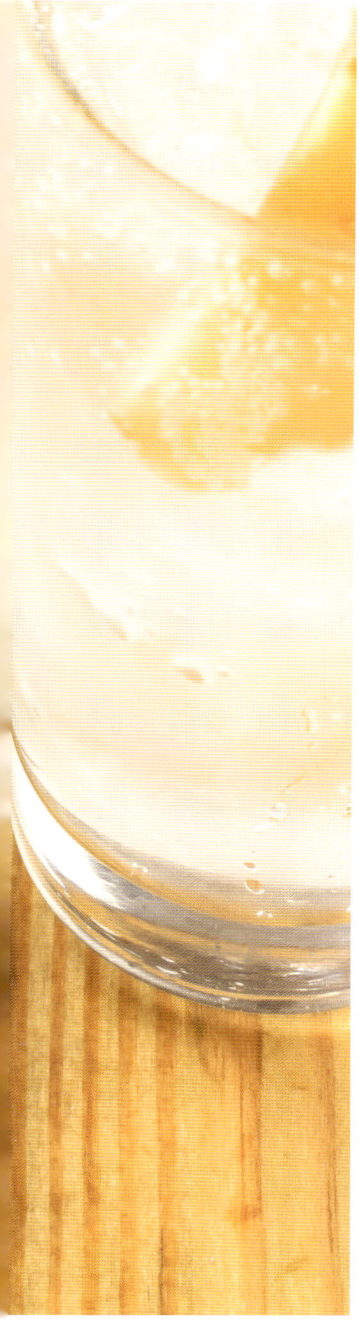

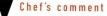

材料／1皿分

豚レバー … 120g
キクラゲ … 適量
片栗粉 … 適量
サラダ油 … 適量
白ねぎ（細切り）、ニンニク（みじん切り）、豆豉 … 各適量
朝天唐辛子、タカノツメ（小口切り）… 各適量
A｜酒、醤油、砂糖、鶏スープ、オイスターソース、たまり醤油（中国）、胡椒（白・黒ミックス）… 各適量
味噌 … 適量

＊辛味調味料 … 適量
→ 147 ページ
花椒（刻んだもの）… 適量
＊自家製ラー油 … 適量
→ 147 ページ
青ねぎ（小口切り）… 適量

作り方

1 豚レバーは鮮度のよいものを用意し、スジを切り取り、一口大に切る。キクラゲは水で戻しておく。
2 ①のレバーに片栗粉をまぶし、180°Cの油でさっと揚げて油を切る。（写真 a・b）
3 鍋にサラダ油を熱し、白ねぎとニンニク、豆豉を炒め、朝天唐辛子、タカノツメを加えて炒め合わせ、A の材料を順に加えてなじませる。（写真 c）
4 なじんだら味噌を加えて溶き混ぜ、②のレバーとキクラゲを加えて炒め合わせ、辛味調味料で味を調える。（写真 d・e）
5 器に盛って花椒をふり、自家製ラー油をかけ、青ねぎを散らす。

POINT 豚レバーは片栗粉をまぶして揚げることで味のからみがよくなる。

a
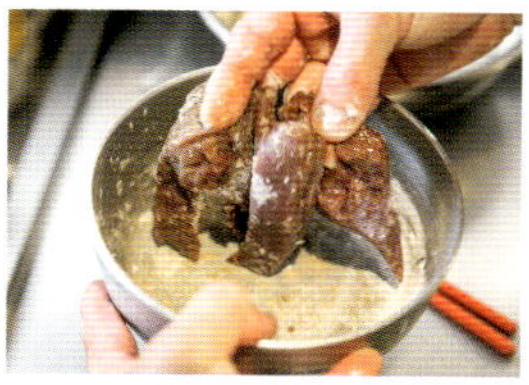
b

c

d

e

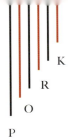

レバニラ

東京・神楽坂『jiubar《ジュウバー》』

売価：980 円　原価率：15%　部位：豚レバー

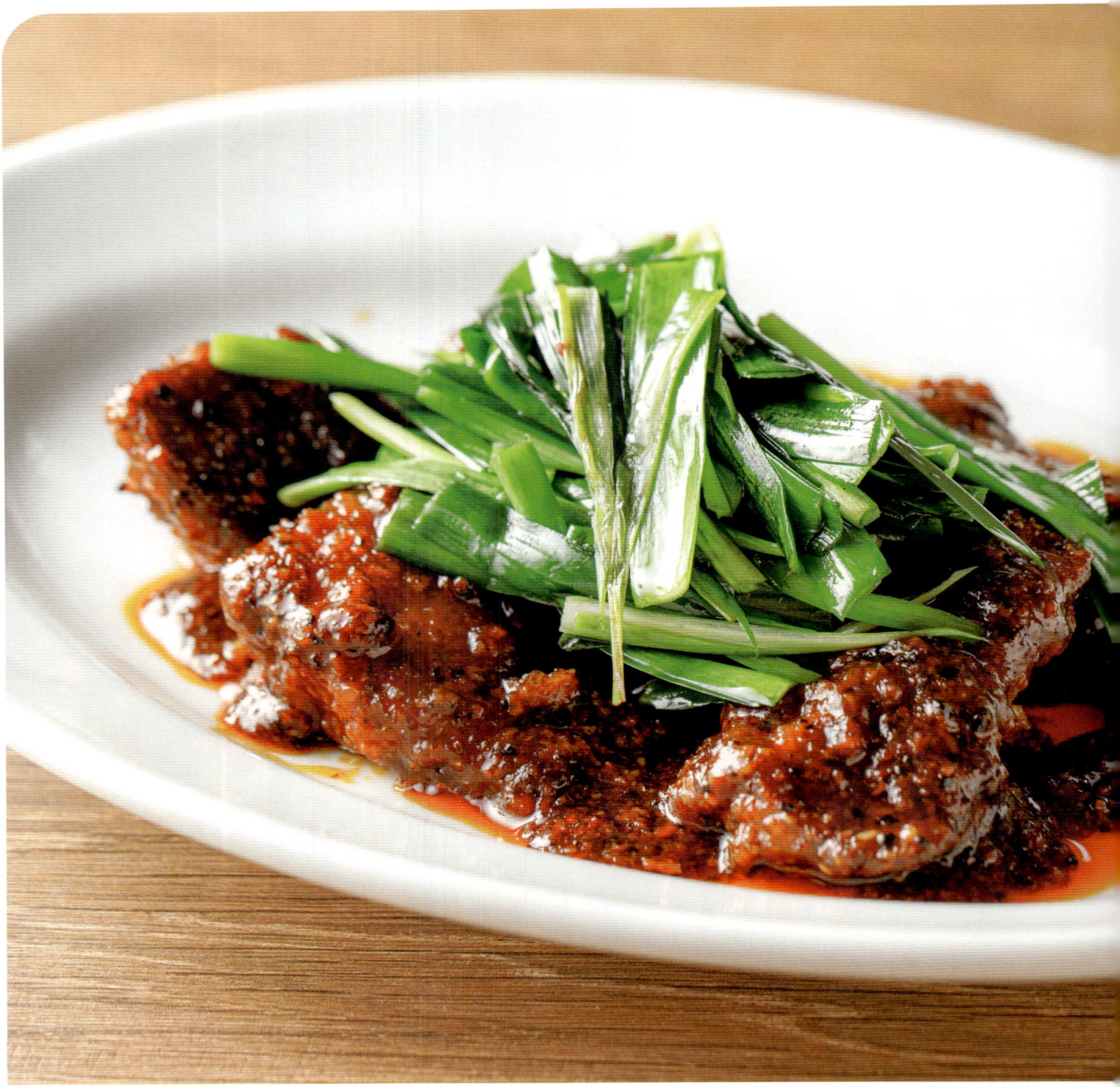

レバーとニラを別々に炒めて合わせる“レバニラ”。レバーは下味をつけて臭みを抜き、あらかじめ片栗粉をまぶして揚げることで、クセをまったく感じさせない仕上がりに。ニラはさっと炒めて香りと食感を最大限に活かす。香りのよさ、臭みのなさに女性客に人気で、注文率の高い一品。

材料／1皿分

豚レバー … 120g
●下味
紹興酒、醤油、ごま油 … 各適量
ニラ … 適量

片栗粉 … 適量
サラダ油 … 適量
●ソース
朝天唐辛子（粉末）… 適量
豆豉（刻んだもの）… 適量
刻み生姜、刻みニンニク … 各適量
オイスターソース … 適量
日本酒、醤油、上白糖、鶏スープ
… 各適量

紹興酒、醤油 … 適量

Chef's comment

片栗粉をまぶして油で揚げることでレバーをコーティング。仕上がりに臭みは全く出ません。

作り方

1 豚レバーは1切れ20g程度の大きさに切り、紹興酒、醤油、ごま油で下味をつける。（写真a）
2 ニラは茎と葉に分け、茎の部分は縦半分程度に切り、それぞれ4～5㎝長さに切る。
3 ①の豚レバーに片栗粉をまぶし、熱したサラダ油に入れて揚げ、油を切る。（写真b）
4 ソースを作る。朝天唐辛子と豆豉、刻み生姜、刻みニンニクをお玉に合わせ、サラダ油をなじませた鍋に入れて炒め合わせる。香りが立ってきたらオイスターソース、日本酒、醤油、上白糖、鶏スープを加えて混ぜ合わせる。
5 ④に③を入れ、ソースをからめながら炒め合わせ、ソースごと器に盛る。（写真c）
6 鍋にニラを入れ、紹興酒、醤油を加えてさっと炒め、⑤の上に盛る。

POINT ニラを別に炒めることでシャキシャキ感、香りを生かす。

a

b

c

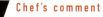

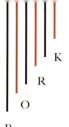

モツの麻辣煮込み

東京・神楽坂『jiubar《ジュウバー》』

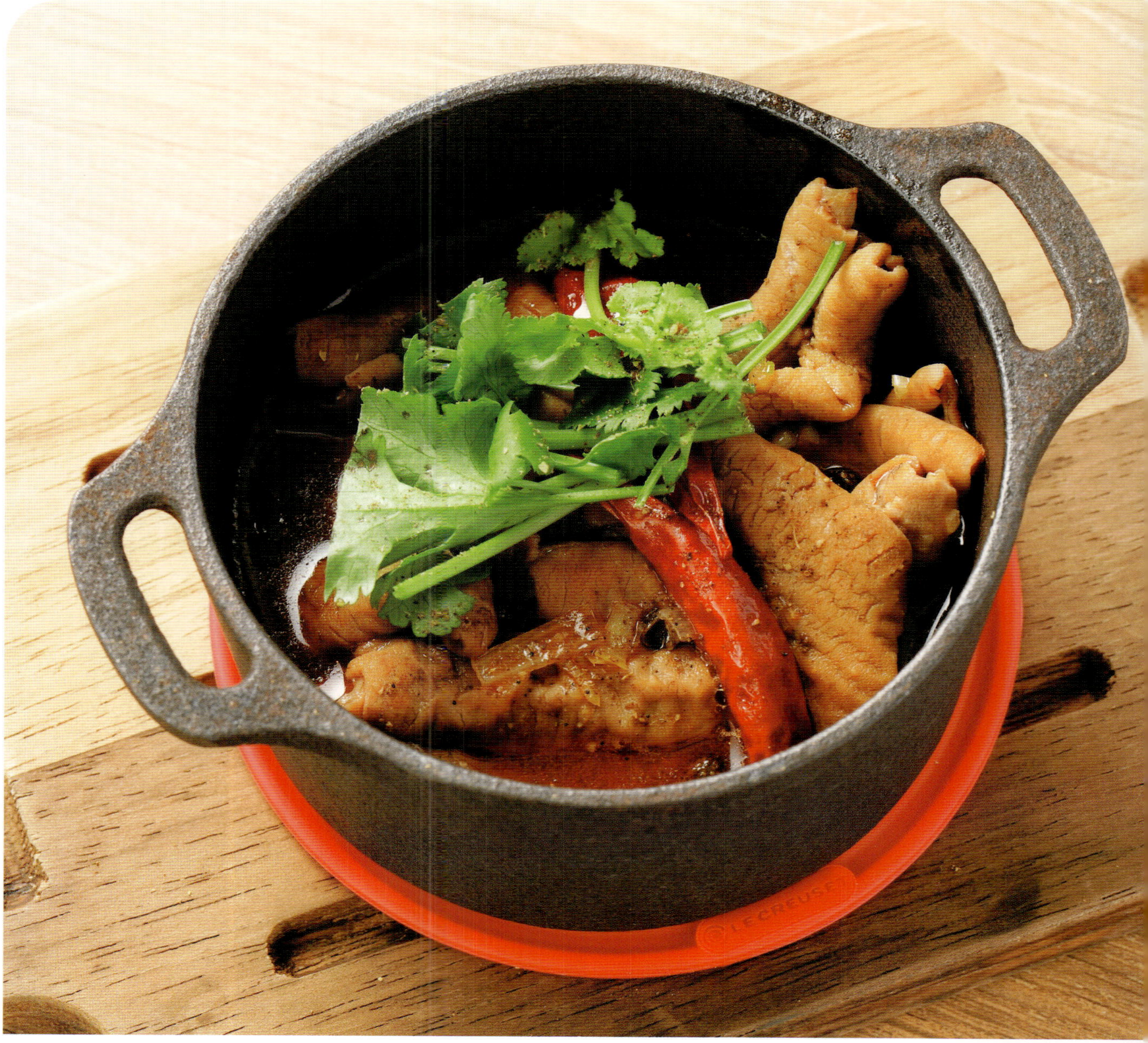

売価：780 円　原価率：15%　部位：豚モツ（シロ）

シェフの川上氏が以前訪れた中国・四川の田舎町で出会ったモツ煮込みをヒントに、麻辣味を強めてメニュー化。豚小腸は臭みを抜いてやわらかく茹でてから、紹興酒、醤油、オイスターソースで煮込んでおく。提供時にラー油と唐辛子、山椒と合わせて温め、麻辣の辛さと刺激を強める。

材料／15食分

豚モツ（シロ）… 2 kg
●煮汁
水 … 適量
紹興酒 … 適量
醤油 … 適量
オイスターソース … 適量
おろし生姜 … 適量
おろしニンニク … 適量

仕上げ用
ラー油 … 適量
タカノツメ … 2本
山椒（粒）… ひとつまみ
刻みねぎ … 適量
鶏スープ … 適量
パクチー … 適量
粉山椒 … 適量

Chef's comment

トロトロに煮込んだモツに加える"麻辣"の刺激と辛味がポイントです。

仕込み

1 豚モツは2度茹でこぼして臭みを抜いてから3時間ほど茹でて柔らかくする。（写真 a）
2 柔らかくなったら茹で汁を捨て、水洗いする。
3 鍋に豚モツがつかるくらいの水を入れ、紹興酒、醤油、オイスターソース、おろし生姜、おろしニンニクを入れて沸かす。
4 煮汁が沸いたら②の豚モツを入れ、1時間弱煮込む。煮汁に漬けた状態で冷蔵保存しておく。（写真 b）

POINT モツの臭みは茹でこぼしを繰り返して抜くことで、クリアーな味に仕上がる。

仕上げ

1 注文が入ったら、提供用の小鍋をオーブンで熱々に温める。
2 鍋にラー油、タカノツメ、山椒を入れて火にかけ、1皿分 120 g の豚モツと適量の煮汁を加えて温める。（写真 c 〜 e）
3 温まったら刻みねぎを加え、鶏スープで味を調え、温めたココットに盛る。（写真 f）
4 刻んだパクチーをのせ、粉山椒をふる。

POINT たっぷりの刻みねぎやパクチー、粉山椒で香りや食感に変化をつける。

a

b

c

d

e

f

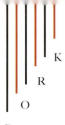

巨大豚のトロトロ煮込み

東京・茅場町『L'ottocento』

売価：4200円　原価率：33％　部位：豚スネ

ホロホロとほどけるスネ肉に、煮込んだ煮汁をソースにした濃厚味が魅力の一皿。豪快に骨付きで煮込むことで骨から出るだしも味となり、それが肉に戻って贅沢な味わいが生まれる。一皿で優に３～４人前はあり、グループ客にすすめている。赤玉ジャムの甘さ、マスタードの酸味で味を変えながら食べてもらう。

a
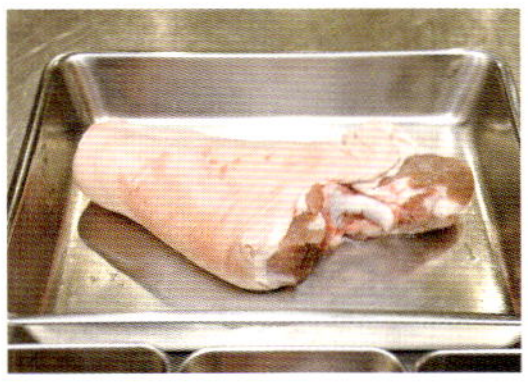

b

c

d

e

f

g

h

材料／4本分

骨付き豚スネ肉 … 4本
塩 … 肉の重量の 0.9%
オリーブオイル … 適量
煮汁
　＊玉ねぎと人参、セロリのソフリット … 200g
　赤ワイン … 750mℓ
　トマトペースト … 150g

＊赤玉ジャム … 適量
粒マスタード … 適量

＊玉ねぎと人参、セロリのソフリット
玉ねぎと人参、セロリは同割で合わせ、フードプロセッサーで回し、半日くらいかけてじっくり弱火で炒める。

＊赤玉ジャム
赤玉ねぎ（スライス）… 100g
ブレンドオイル … 適量
アンチョビ … 4g
グラニュー糖 … 13g
白ワインビネガー … 31g
赤玉ねぎはオイルでしんなりするまで炒め、アンチョビを加えて軽く炒め、グラニュー糖、白ワインビネガーを加えてひと煮立ちさせる。

仕込み

1 骨付き豚スネ肉に塩をまぶし、冷蔵庫で一晩置く。（写真 a）
2 フライパンにオリーブオイルを熱して豚スネ肉を入れ、全体に焼き色をつけるよう、油を回しかけながらじっくり焼く。（写真 b・c）
3 鍋にソフリット、赤ワイン、トマトペーストを入れて沸かし、水を加えてスネ肉を入れ、フタをして 180℃のスチームコンベクションオーブンに入れる。（写真 d）
4 30 分ごとに肉の上下を返し、120 分かけて煮込む。（写真 e）
5 スネ肉を取り出し、煮汁を煮つめてソースにする。（写真 f）
6 ⑤のソースを冷やし、脂をかためて取り除く。
7 煮込んだスネ肉と煮つめたソースを1皿分ずつ合わせて真空パックし、冷凍保存する。（写真 g）

仕上げ

1 注文が入ったら 100℃のコンベクションオーブンに入れ、30 〜 40 分かけて温める。（写真 h）
2 器に①のスネ肉を盛る。ソースを煮つめて濃度を出し、肉の上にかける。赤玉ジャムと粒マスタードを添えて提供する。
3 一度客席で見せてから厨房に戻し、骨をはずして人数分にカットする。

PORK

大山豚の熟成肉そば

東京・三軒茶屋『Bistro Rigole』

売価：2800円　原価率：28%　部位：豚バラ

ローストしたビーツの甘さと発酵キャベツの酸味が特徴的なソースをからめる和え麺。ベースはラーメンのダブルスープのように鶏のだしと塩豚のだしを合わせて旨みを作る。発酵の酸味にトマトジュースの自然な酸味が加わり、酸味も複雑に。ボルシチとシュークルートの間をイメージした。

材料　仕込み量

●塩豚
豚バラ肉 … 1kg
ソミュール液
- 水 … 1ℓ
- 岩塩 … 80g
- 硝石 … 6g
- ローリエ … 5g
- タイム … 1束
- ニンニク … 1片
- 白胡椒（つぶしたもの）… 10g

ミルポワ
- 玉ねぎ（スライス）… 1個
- 人参（スライス）… 1/4本
- セロリ（スライス）… 1/2本
- ニンニク（半割り）… 3片
- 生姜 … 適量

●ビーツソース
ビーツ（ローストしたもの）… 400g
ニンニク（みじん切り）… 20g
鴨コンフィの脂 … 50g
鶏のだし … 1ℓ
塩豚のだし … 適量
トマトジュース … 150mℓ

●麺
強力粉 … 300g
オリーブペースト（油分、水分を取ったもの）… 150g
卵黄 … 70～80g
水 … 適量

仕上げ用
塩豚 … 150g
ビーツソース … 80g
麺 … 60～70g
＊発酵キャベツ … 50g
黒キャベツ … 適量
スプラウト … 適量
マスタード、オリーブのパウダー … 各適量
EXVオリーブオイル（セドリック・カサノヴァ）… 適量

＊発酵キャベツ
せん切りにしたキャベツに重量の2％の塩、ジュニパーベリー、クローブ、タイム、ローリエを加えて真空パックし、常温（25～30℃）で3日間発酵させてから、15℃のセラーに移し、1週間低温発酵させる。

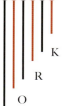

仕込み

[塩豚]

1 ソミュール液の材料を合わせて沸かし、冷ます。(写真 a)
2 豚バラ肉の両面に細かく肉刺しで穴をあけてから、ソミュール液に漬ける。空気に触れさせないよう落としラップをしてからフタをし、1週間ほどおいて塩漬けにする。(写真 b)
3 塩漬けにした豚肉を鍋に入れ、ミルポワを加えてたっぷりの水を入れて火にかける。沸く直前に 90°Cに温度を下げ、落としブタをして沸かさない程度の火加減で 6 時間ほど煮込む。煮込んだ煮汁は脂を取り除いて漉し、だしとして使う。(写真 c)
4 冷ましてからカットする。

[ビーツソース]

1 ビーツは丸のままローストして皮をむき、ミキサーに入れる。
2 鍋に鴨コンフィの脂とニンニクを入れて熱し、鶏のだしを加えて 1/3 量まで煮つめる。煮つまったら同量程度の塩豚のだしを加えて 2/3 量まで煮つめる。(写真 d・e)
3 ①に②のだしを少量加えて回し、なめらかになったら残りのだしを加えて回す。さらにトマトジュースを加えて回す。(写真 f)
4 容器に移して底を氷水にあて、急冷する。

POINT
・ビーツは色が抜けてしまうため、だしに加えたら沸かさないよう注意。
・塩豚のだしに塩味があるため、塩をしなくても味が決まる。
・鶏のだしは鶏ガラと手羽から取る。

[麺]

1 ボウルに強力粉を入れて中央をくぼませ、卵黄、オリーブペーストを入れて粉になじませていく。水分が足りない場合は霧吹きで水分を足し、一つにまとめて練り込んでからぬれ布巾をかけて 1 時間寝かせる。
2 ①の生地をパスタマシンにかけてのばし、カッターで 1.5mm 幅に切る。
3 ②を 60 ～ 70 g のポーションに分け、ラップで包んで冷凍しておく。(写真 g)

仕上げ

1 塩豚を全体がこんがりとなるようソテーし、表面をサクッとした食感に仕上げる。側面の厚い脂の部分もきっちり焼く。(写真 h)
2 黒キャベツをローストし、パリッとさせる。
3 ビーツソースを温めて発酵キャベツを入れ、冷凍しておいた麺を 1 分茹でて湯切りし、ソースに加えて和える。(写真 i・j)
4 器にソースで和えた麺を盛り、ソテーした塩豚を重ね、マスタードを絞る。スプラウトをこんもりのせ、オリーブのパウダーをふり、EXV オリーブオイルを回しかけ、ローストした黒キャベツを添える。(写真 k)

a

b

c

d

e

f

g

h

i

j

k

Chef's comment

ストリートフードの発想をフレンチのスタイルに取り入れてみると、見たことのない料理が生まれる。それがまた意外にかっこいいんです。

豚肉屋のナポリタン

東京・神楽坂『jiubar《ジュウバー》』

売価：1280円　原価率：19%　部位：豚モモ

モチモチとした太麺の中華麺に、ケチャップをベースにしたチリソースがなじみ、懐かしいナポリタンのような味わい。ソースのピリッとした辛味と肉々しい肉団子により、食事というより“つまみ”として楽しんでもらう仕掛け。“豚肉屋”と冠しているのは同店の肉料理にひそかに豚肉縛りがあるからだ。

材料／1皿分

肉団子（→73ページ）… 1個10g×8個
きのこ（生椎茸）… 20g
中華太麺（茹でたもの）… 120g
チリソース … 100g
酢、ごま油、ラー油 … 各適量
パクチー（みじん切り）… 適量
パルミジャーノ … 適量

●チリソース（作りやすい分量）
豆板醤 … 30g
刻みニンニク … 30g
刻み生姜 … 30g
ケチャップ … 1kg
塩 … 30g
上白糖 … 60g
水 … 800g
酒 … 200g
① 豆板醤と刻みニンニク、刻み生姜をサラダ油をなじませた鍋で炒め、香りを出す。
② ケチャップ、塩、上白糖、水、酒をよく混ぜ合わせ、①を加えて混ぜ合わせる。

仕込み

1 肉団子、チリソースを作っておく。
2 中華太麺は1分半ほど茹でておく。
3 生椎茸は軸を取り、スライスする。（写真a）

POINT
・肉団子は73ページの肉団子を1個10gの大きさで作ったもの。
・きのこは生椎茸、エリンギ、舞茸、しめじなど。仕入れによって1種類を使う。
・麺はソースの味に負けないよう、歯応えのしっかりとした太麺の中華麺を使用。

仕上げ

1 肉団子とスライスした生椎茸を油通しする。（写真b）
2 鍋にチリソースと麺を入れて温め、温まってきたら①を加えて、水分を飛ばしながら炒め合わせる。（写真c・d）
3 麺にソースがなじんだら、酢、ごま油、ラー油を加えて味を調え、器に盛り、パクチーを散らし、パルミジャーノを削りかける。（写真e・f）

POINT
ニラを別に炒めることでシャキシャキ感、香りを生かす。

a

b

c

d

e

f

Chef's comment

麺は付き合いの業者さんと食感と歯応えを重視して選びました。肉団子、チリソース、麺が一体化した中華屋のつまみです。

P O R K

ピーチ、自家製サルシッチャとブロッコリーのソース

東京・西小山『fujimi do 243』

売価：1250円　原価率：16%　部位：豚挽き肉

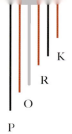

サルシッチャとブロッコリーをソースにしたご馳走感のある肉のパスタ。サルシッチャはソーセージの生地のようにスパイスを加えて風味よく作り、肉感を出すため、形を揃えずにちぎってソテーしていく。ブロッコリーもサルシッチャもパスタとの一体感を高めるため、くずしながら炒めるのがポイント。手打ちのパスタ“ピーチ”は伝統的な形。

材料

●ピーチ（9皿分）
中力粉（イタリア産）… 300g
塩 … 5g
オリーブオイル … 10g
ぬるま湯 … 150g
強力粉 … 適量

●サルシッチャ（仕込み量）
豚挽き肉 … 500g
ニンニク … 40g
ローズマリー … 3g
タイム … 1g
フェンネル … 6g
ベーコン（角切り）… 50g
塩 … 7g
黒胡椒 … 2g
松の実（ローストしたもの）… 15g
八角（ミルで挽く）… 3g
グラナパダーノ … 10g
白ワイン … 250g
タカノツメ … 1個
ブロード（鶏のだし）… 250g
オリーブオイル … 80g

仕上げ用
ピーチ … 60g
サルシッチャ … 60g
ブロッコリー … 60g
タカノツメ … 適量
ブレンドオイル … 適量
白ワイン、ブロード（鶏のだし）… 各適量
オリーブオイル、塩、胡椒、ペコリーノ … 各適量
松の実、黒胡椒 … 各適量

仕込み

［ピーチ］

1 ボウルに中力粉と塩を混ぜ合わせ、オリーブオイル、ぬるま湯を加え、粉と液体をなじませていく。全体がまとまってきたらひとまとめにし、打ち台に移す。（写真 a）
2 打ち粉をして表面がなめらかになるまでこね、丸くまとめる。乾燥しないようラップで二重に包み、30分以上寝かせる。（写真 b・c）
3 ラップをはずして手で丸め直し、扱いやすい量を切り分け、残りは乾燥しないようラップで包んでおく。切り分けた生地をめん棒で平たくのばし、4cm長さ、1cm幅の棒状に切り分ける。（写真 d・e）
4 バットに強力粉を広げておく。棒状に切った生地を手で細長くのばし、乾かないようすぐにバットに入れ、バットごとゆすって粉をまぶす。（写真 f・g）
5 1人前60gごとにまとめてラップをして冷凍保存する。（写真 h）

POINT
生地が乾燥しやすいため、どの工程でも乾かないよう注意する。
パスタを打つときも小口に分けて打っていく。

Chef's comment
サルシッチャに八角を加えると味に奥行きが生まれます。噛んだ時に香りが広がるよう、粒が残るように粉砕するのがポイント。

a

b
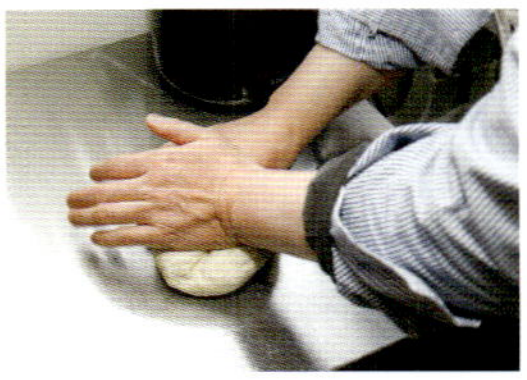
c

d

e

f
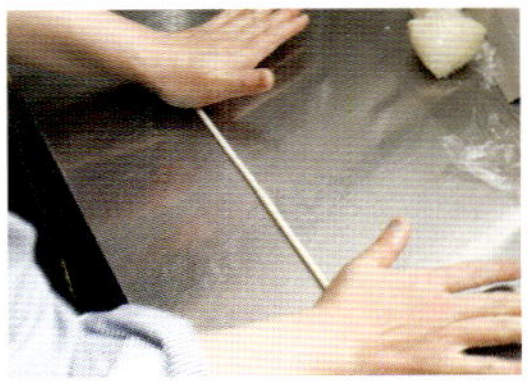
g

h

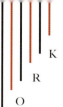

ピーチ、自家製サルシッチャとブロッコリーのソース

仕込み

［サルシッチャ］

1 豚挽き肉は極粗挽きのものを用意し、大きめのボウルに入れ、塩、胡椒を加え、肉が白っぽくなるまで練り混ぜる。（写真 i）

2 ①に残りの材料を加えてよく混ぜ合わせる。徐々にひとつにまとまってきたら、空気を抜き、ラップをして冷蔵庫で休ませる。（写真 J 〜 l）

POINT 作業前にすべての材料を冷やしておくと、肉がだれにくい。

i

k

j

l

仕上げ

1 パスタのお湯に塩を入れ、ブロッコリーをクタクタになるまで茹でる。

2 フライパンにブレンドオイルとタカノツメを入れて火にかけ、サルシッチャをつまみながら並べ、ソテーする。あまり動かさずに焼き色をつけるように焼き付け、白ワイン、ブロードを加えてアルコールを飛ばし、茹で上がったブロッコリーを加える。トングでサルシッチャとブロッコリーをくずすように炒める。（写真 m 〜 o）

3 ピーチは 3 分 20 〜 30 秒茹でて水分を切り、②に加えてソースをからめていく。オリーブオイルを回しかけ、塩、胡椒で味を調え、ペコリーノをすりおろしながら加えて混ぜ合わせる。（写真 p・q）

4 器に盛り、松の実をつぶして散らし、黒胡椒をミルで挽きかける。

POINT ブロッコリーはあくまでもソース。くずれるほどやわらかく茹で、サルシッチャやパスタと一体化させる。

m

p

n

q

o

サルシッチャとレモン、モッツアレラチーズの取り合わせは、イタリアで定番のピッツァ。自家製で作るサルシッチャは豚肉の挽き肉でも3種類の部位を使い、肉々しくも脂のコクがジューシーで、レモンの酸味、苦みともマッチする。ピッツアは全部で12種類。生地のおいしさを味わってもらうため、具材の構成はシンプル。

サルシッチャ・リモーネ

埼玉・ふじみ野『Pizzeria 26』

売価：2000円　原価率：31%　部位：豚肩ロース、モモ、バラ

材料　仕込み量

●サルシッチャ（25～28本分）
豚肩ロース肉（挽き肉）… 1kg
豚モモ肉（挽き肉）… 1kg
豚バラ肉（挽き肉）… 1kg
塩 … 14g（肉の重量の0.9%）
＊トレハロース塩 … 13g
豚腸 … 適量

仕上げ用
ピッツァ生地 … 1枚分
サルシッチャ … 1本
モッツアレラチーズ … 適量
レモン（スライス）… 適量
ローズマリー … 適量
黒胡椒、EXVオリーブオイル … 各適量

＊トレハロース塩
肉からのドリップを防ぎ、品質を保つために肉の下味に使用する。塩100gに対し、トレハロース30gの割合で合わせる。

仕込み

［サルシッチャ］
1 ボウルに3種類の挽き肉を入れ、塩、トレハロース塩を加えてよく練り合わせ、冷蔵庫で1日休ませる。
2 豚腸を水につけて戻し、①の生地を詰め、1本100gのソーセージを作る。

Chef's comment
合わせたワインはビールやシードルのようなほろ苦みのあるイタリアのフリザンテ。発泡性のワインは消化を助け、ピッツァと好相性。

a

b

c

d

仕上げ

1 サルシッチャを一口大の輪切りにする。（写真a）
2 ピッツア生地を打ち粉をしながら手で丸くのばす。（写真b）
3 生地の上にモッツァレラチーズをちぎりながらのせ、サルシッチャ、レモンをのせる。細かく刻んだローズマリーを散らし、黒胡椒をふり、EXVオリーブオイルを回しかける。（写真c）
4 500℃に熱したピザ窯で焼き上げる。（写真d）

POINT　ピッツアの生地には粒子の粗いセモリナ粉ではなく国産の小麦粉を使用。前日に仕込んでおく。

PORK

fujimi 丼 243
（トロトロ塩豚煮&味たまご　フキミソ添え）

東京・西小山『fujimi do 243』

ホルモンイタリアンとロゼワインを売りにする店での角煮丼。意外性も話題性もあるしめの一品で、人気の高い角煮をどうアレンジするか、試行を重ねてたどり着いたのがこの形。香味野菜をたっぷりと使い、豚のクセをなくしながらさっぱりと塩味で煮上げる。薬味として添えるフキミソは2種類のチーズを加えてコク深く、これだけでワインが進む。

売価：750円　原価率：25%　部位：豚バラ

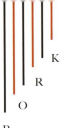

Chef's comment

醤油で煮るとどうしても味が強くなるので、塩の角煮に。ロゼワインの優しい味わいにもよくマッチします。

材料　仕込み量

●塩豚煮
豚バラ肉（固まり）… 2 kg
塩 … 30g
グラニュー糖 … 15g
煮汁
　玉ねぎ … 200g
　人参 … 1/2 本
　セロリ … 1 本
　生姜 … 100g
　ニンニク … 40g
　八角 … 7 g
　白ワイン … 170g
　粒黒胡椒 … 2 g
塩 … 適量

仕上げ用　1人分
塩豚煮 … 100g
塩豚煮の煮汁 … スプーン 3 杯分
ご飯 … 1 膳分
切り海苔 … 適量
＊味たまご … 1/2 個
＊フキミソ … 適量
菜の花 … 適量
昆布茶 … 適量

＊味たまご
卵を沸騰したお湯で 6 分 50 秒茹でて氷水に取り、すぐに殻をむき、同割にした醤油とみりんに 1 日以上漬ける。

＊フキミソ
ふきのとう … 190g
味噌 … 46g
グラナパダーノ … 32g
ブレンドオイル … 20g
グラニュー糖 … 3 g
ペコリーノ … 3 g
塩 … 1 g
ふきのとうを塩水で茹でて水にさらし、水気を絞り、他の材料と合わせてフードプロセッサーにかけ、ペースト状にする。

仕込み

1　豚バラ肉は 1 カット 100g の固まりに切り、塩と砂糖をまぶして一晩マリネする。（写真 a）
2　①を鍋に並べてたっぷりの水を注ぎ、水から茹でて茹でこぼす。
3　茹でこぼした豚肉を鍋に並べ、煮汁の材料を加えて、ひたひた程度に水を足し、火にかける。沸いてきたらアクを取り除き、塩で味を調え、紙の落とし蓋をして約 3 時間煮込む。（写真 b 〜 d）
4　冷ましてから煮汁から取り出し、冷蔵保存する。煮汁はキッチンペーパーで漉し、別に冷蔵保存する。

仕上げ

1　塩豚煮を食べやすい大きさの角切りにする。
2　鍋に煮こごり状になった塩豚煮の煮汁を取って火にかけ、沸いたら弱火にし、①を入れ、ゆっくり温める。（写真 e・f）
3　菜の花は塩茹でにし、水気を絞る。
4　茶碗にご飯をよそい、切り海苔を散らし、温めた塩豚煮をのせる。煮汁を少し煮つめてから上にかけ、菜の花、味たまごを添える。別にフキミソと昆布茶を添えて提供する。（写真 g）

POINT
・ご飯はオリーブオイルと塩を少し加えて炊き上げたもの。
・フキミソは白みそなど和の要素にグラナパダーノやペコリーノ、オイルでコクを深め、ワインとの相性を考慮。

昆布茶を添え、途中でかけてお茶漬け風に食べてもらう。

a

b

c

d

e

f

g

アミューズ・ミスト
（チチャロン・豚煮こごりのグジェール・そら豆のダックワーズ）

埼玉・ふじみ野『Pizzeria 26』

売価：300円　原価率：25%　部位：豚皮、豚耳

ピッツアを盛り込んだコース料理が人気の同店。アミューズには、内臓肉を上手に活用したつまみを盛り合わせる。原価は安く、お金のとりづらい材料でも、手間も時間も惜しまずにセンスのよい一口に仕上げることで、お金以上の価値を生んでいる。チチャロンは煮込んだ豚の皮をパリパリに揚げ、グジェールは豚の煮こごりをソースに作る。

材料　仕込み量

●チチャロン
豚皮 … 適量
塩 … 豚皮の重量の 0.9%
ミルポワ、生姜、白ワインビネガー
　… 各適量
強力粉 … 適量
ブレンドオイル … 適量

●豚煮こごりのソース
＊豚耳や豚皮の煮こごり … 100g
油（オリーブオイル、ブレンド
　オイルを合わせたもの）… 200g

仕上げ用
チチャロン … 1枚
塩、レモン汁 … 各適量
煮こごりのソース … 適量
グジェール（直径 3 ～ 4 cmの
　チーズを加えて焼いたシュー皮）
　… 1個
そら豆のペースト … 適量
ダックワーズ … 適量
豆苗 … 適量

Chef's comment

豚の煮こごりをソースにする手法はバスク地方のタラを使う“ピルピルソース”がヒント。豚でやってみたら味は変わらず、豚の皮や耳の煮汁を活用しています。

仕込み

［チチャロン］

1 豚皮は重量の 0.9%の塩をまぶし、一晩おく。
2 ①をミルポワ、生姜、白ワインビネガーを加えたたっぷりの湯で 8 時間ほど茹でる。
3 冷ましてから豚皮を取り出し、水気を取って 3 cm角に切り、強力粉を薄くまぶし、120°Cの低温でじっくり揚げる。いったん油から取り出し、再度揚げてパリッとさせる。（写真 a ～ c）

［豚煮こごりのソース］

1 豚耳や豚皮を茹でたあとの煮汁を鍋ごと冷やし、煮こごりが固まったら取り出し、保存容器で保存しておく。
2 豚の煮こごりを鍋に取り、弱火にかけて溶かす。（写真 d）
3 ②を容器に移し替え、油を少しずつ加えて攪拌し、マヨネーズ状にして冷蔵保存し、冷やし固めておく。（写真 e）
4 使用時に鍋に移し、泡だて器でよく混ぜながらなめらかなクリーム状にする。（写真 f）

POINT　豚の煮こごりのソースの油はオリーブオイルだけでは香りや風味が強すぎるため、オリーブオイルとヒマワリオイルのブレンドオイルを合わせて使う。

仕上げ

1 チチャロンに塩をふり、レモンを絞る。
2 グジェールを半分に切り、豚煮こごりのソースをつめる。（写真 g）
3 そら豆のペーストをダックワーズにぬり、豆苗をのせる。
4 チチャロン、豚煮こごりのグジュール、そら豆のダックワーズを器に盛り合わせる。

POINT　・そら豆のダックワーズはそら豆に豆苗と春の芽吹きをイメージ。最初の一品として季節感も盛り込む。

a

b

c

d

e
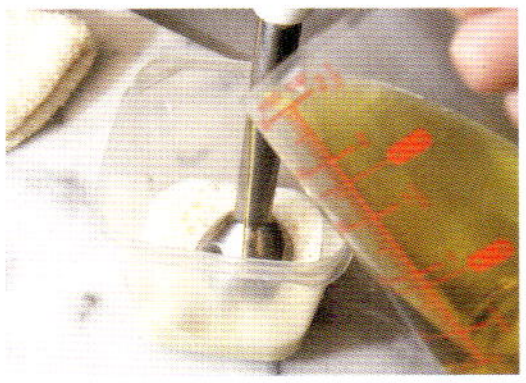
f

g

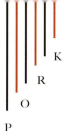

ソプレッサータ（豚のゼリー寄せ）

埼玉・ふじみ野『Pizzeria 26』

売価：900 円　原価率：28％　部位：豚内臓肉

豚のカシラやタン、耳、皮などゼラチン質をたっぷり含む素材、それだけ旨みのある素材を時間をかけて煮込み、プルプルのゼラチン質を抽出。そのゼラチンだけで肉をつなぐのがソプレッサータ。口の中でじんわり溶けていくゼラチンの口溶けを、酸味と辛味のスパイシーなハリッサソース、食べ応えのあるラピゴットソースの２種類ですすめる。

材料　仕込み量

●ソプレッサータ

A
- 豚カシラ肉 … 1kg
- 豚タン … 450g（２本）
- 豚ガツ … 1kg（３枚）
- 豚耳 … 1kg
- 豚皮 … 1kg
- 豚足 … 4kg

塩 … 肉の重量の 1.4％
ミルポワ
- 人参 … 500g
- 玉ねぎ … ２個
- セロリの葉 … 適量

ブーケガルニ（ローリエ、生姜スライス 30g、粒白胡椒）… 適量
昆布 … 1/2 本
白ワインビネガー … 適量

コルニッション … 150g
塩、胡椒 … 各適量

●ハリッサ黄色ソース　10 皿分

黄パプリカ … 300g
オリーブオイル、塩、胡椒 … 各適量
アンチョビ … 適量
タカノツメ…1/2 本
ニンニク（スライス）… 適量
豚肩ロース肉 … 40g
レモン汁 … 1/2 個分
レモンの皮 … 適量
こぶみかんの葉 … 適量

●ラビゴットソース

茹で卵 … 300g（６個分）
ケッパー … 50g
コルニッション … 80g

A
- 白ワインビネガー … 適量
- EXV オリーブオイル … 適量
- タスマニアマスタード … 適量

仕上げ用

ソプレッサータ（２センチ厚）
… １枚
ハリッサ黄色ソース … 適量
ラビゴットソース … 適量
＊茗荷のピクルス
＊宇和ゴールドの皮のコンフィ（みじん切り）… 適量
マリチャ社のカーモ（黒胡椒の燻製）のミニョネット … 適量
ディル … 適量

＊茗荷のピクルス
茗荷 … 適量
ピクルス液
上白糖 … 120g
白ワインビネガー … 300mℓ
ニンニク … １片
タカノツメ … １本
白胡椒（粒）… 10 粒
ローリエ … １枚
マスタードシード … 適量
茗荷をさっと塩茹でし、ピクルス液に漬け込む。

＊宇和ゴールドの皮のコンフィ
宇和ゴールドの皮 … 適量
A ｜ 水 … １ℓ
｜ トレハロース … 150g
｜ 水あめ … 30g
｜ レモン汁 … 15g
宇和ゴールドの皮を３回茹でこぼし、Aで２時間煮る。一晩そのまま置き、翌日再度沸かしてから乾燥させる。

仕込み

［ソプレッサータ］
1　Aの豚肉に塩をまぶして一晩おく。
2　寸胴鍋に①の豚肉、ミルポワ、ブーケガルニ、昆布、白ワインビネガーを入れ、たっぷりの水を注いで火にかけ、沸いたらアクを取り除き、フタをして弱火で８時間煮る。途中、アクは取り除く。
3　煮込んだら、煮汁から材料を取り出す。ミルポワは人参のみを使用し、コンカッセにする。肉は骨を取り除き、細かく刻む。ブーケガルニと煮汁は使わない。
4　別にコルニッションを輪切りにする。
5　③の肉と人参、コルニッションを合わせ、塩、胡椒で味を調える。
6　テリーヌ型にラップを敷き、⑤を流し入れ、重しをして冷蔵庫で冷やし固める。

POINT
・ミルポワの野菜は煮崩れないよう丸のまま、または半分に切って煮込む。ブーケガルニはガーゼで包みタコ糸で縛る。
・煮汁は使わず、肉の持っているゼラチン質で固めていく。
・肉を庖丁で刻む時、残っている骨があったらきっちり取り除く。

［ハリッサ黄色ソース］
1　パプリカは種とワタを取り、オリーブオイルを熱した鍋で炒め煮にして甘みと香りを出し、塩、胡椒をふる。
2　しんなりしてきたら、ニンニク、タカノツメ、アンチョビ、豚肉、レモンの皮、こぶみかんの葉を加えて炒め合わせ、水を適量加えてフタをし、弱火で15分ほど蒸し煮にする。（写真 a・b）
3　レモンを絞り入れてボウルに移し、粗熱を取ってからブレンダーで回し、なめらかになったら裏漉しにかけ、塩で味を調える。（写真 c・d）

POINT
ソースにたんぱく質の素材を加えると、味に厚みが出てくる。豚肉を少量でも入れることで味に重みを出す。

［ラビゴットソース］
茹で卵、ケッパー、コルニッションをすべて刻み、Aを加えて混ぜ合わせる。（写真 e）

仕上げ

1　ソプレッサータを２㎝厚みに切り出す。（写真 f ）
2　器にソプレッサータを盛り、ハリッサ黄色ソースを流し、ラビゴットソースを添え、茗荷のピクルス、ディルを飾る。宇和ゴールドの皮のコンフィ、カーモのミニョネットをふる。

POINT
カーモは黒胡椒を塩漬けし、ローストした胡椒。スモーキーな香りで印象が強い。

a

b

c

d

e

f

PORK

豚タン冷菜ねぎソース

東京・神楽坂『十六公厘』

薄くスライスした豚タンでねぎソース、オニオンスライスを巻き込んで食べるさっぱり系のつまみ。何よりもねぎソースの味が完成されているため、箸がどんどんすすむ。ベースのタレは甘さや塩味、酸味をまろやかに作る。

売価：800 円　原価率：25%　部位：豚タン

材料／1皿分

豚タン … 1/2 本
酒、塩、ねぎ、生姜 … 各適量
玉ねぎ（スライス）… 適量
●ねぎソース
白ねぎ（みじん切り）… 適量
青ねぎ（みじん切り）… 適量
タカノツメ（小口切り）… 適量
＊ベースのタレ … 適量
→ 69 ページ

黒胡椒 … 適量
和辛子 … 適量

仕込み

豚タンは水に酒、塩、ねぎ、生姜を加えて 15 分ほど茹でる。冷ましてから庖丁で皮をむき、冷蔵保存する。

仕上げ

1 茹でたタンを薄くスライスする。（写真 a）
2 ボウルに青ねぎ、白ねぎ、タカノツメを入れ、ベースのタレを加えてよく混ぜ合わせ、ねぎソースを作る。（写真 b）
. 器に水にさらした玉ねぎを盛り、タンを重ね、ねぎソースをたっぷりかける。黒胡椒をふり、和辛子を添える。

a

b

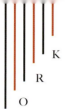

モツ煮込みソーセージ

東京・三軒茶屋『Bistro Rigole』

フレンチの加工肉の基本の技術で作るアンドゥイエットを、独特の感性でモーニングプレートのように仕上げたひと皿。豚のガツや子宮、直腸を味の濃いネックの肉でまとめ、直腸に詰めてソーセージに。様々な肉の食感や香り、風味を長芋のソースと卵黄をからめながら食べてもらう。ソースにはハラペーニョとライム、サラダには青パパイヤと、メキシコ料理のイメージが隠しテーマ。

→作り方は次ページ

売価：1600円　原価率：32％　部位：豚内臓肉

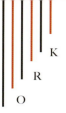

モツ煮込みソーセージ

モツ煮込みソーセージ

材料　仕込み量

豚ガツ…500 g
豚子宮…500 g
豚直腸…１kg
豚ネック粗挽き肉（８mm 挽き）…500 g
玉ねぎ（みじん切り）…250 g
A　赤ワインビネガー…50 g
　ディジョンマスタード…50 g
　塩…60 g
　白胡椒…４ g
　ナツメグ…３ g
　バジル…20 g
　ローズマリー…３ g
　タイム…３ g

豚直腸…２kg
ミルポワ
　玉ねぎ（スライス）…150 g
　人参（スライス）…100 g
　セロリ（スライス）…50 g
　ニンニク…３片

仕込み

1　豚ガツ、子宮、直腸は水から茹でて茹でこぼし、冷めてから細かく切り、布でくるんで水をしっかり切る。（写真 a）
2　Ａのバジル、ローズマリー、タイムは合わせてミキサーにかけておく。
3　ボウルに①と豚ネックの粗挽き肉、玉ねぎ、Ａの調味料を加えてよく混ぜ合わせる。保存容器に移し、落としラップをして冷蔵庫で一晩マリネする。（写真 b ～ d）
4　腸詰用の豚直腸は約 20㎝の長さに切り、詰めやすいよう穴を広げておく。（写真 e）
5　③を絞り出し袋に入れ、④の腸に絞り出す。余裕がないと破裂してしまうため、詰めすぎないよう注意。両端をタコ糸で結びとめる。（写真 f ～ h）
6　鍋に⑤をびっしりと並べ、ミルポワを加えて水を注ぎ、火にかける。沸いたらアクを取り、４～５時間煮込む。煮込んでいる間にソーセージを金串で刺し、穴をあけていく。途中、煮汁が少なくなったら水を足す。（写真 i ～ k）
7　粗熱を取ってから１本ずつラップで包み、冷凍保存する。

a

b

c
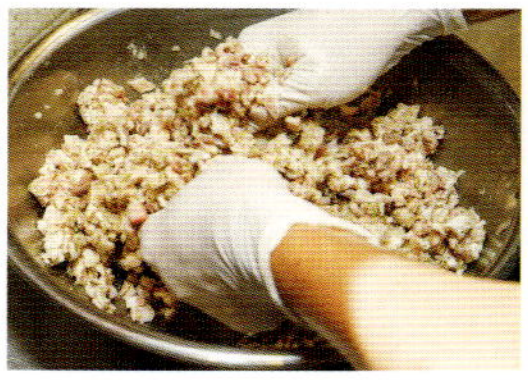
d

e
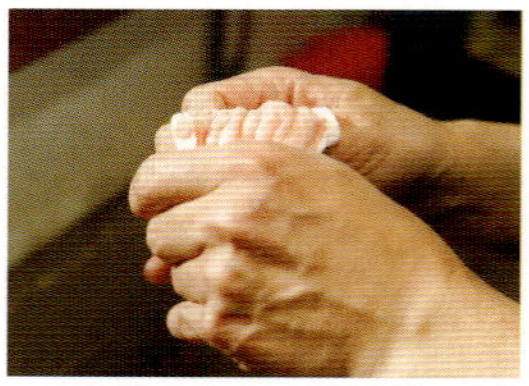
f
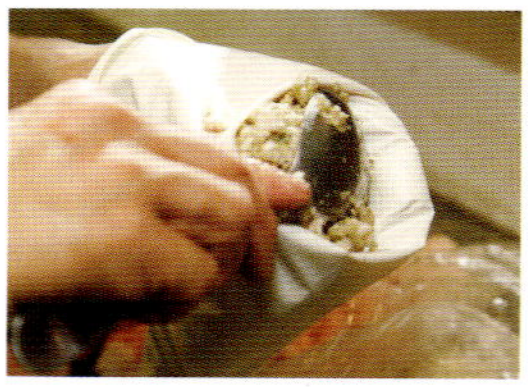
g
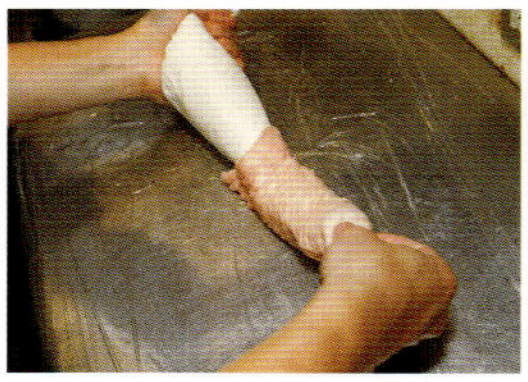
h
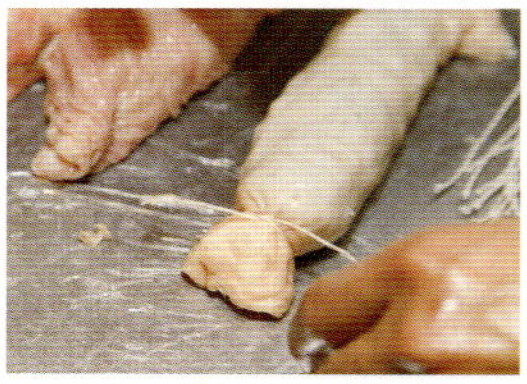
i

j

k

POINT
・腸詰用の直腸は鮮度を保つため、直前まで氷漬けにしておく。
・途中、ソーセージに穴をあけるのは火を通りやすくし、味も入りやすくするため。
・ファルスに十分味が入っているため、煮汁は調味せずに煮込んでいく。

長芋のソース

材料　仕込み量

長芋 … 300g
ハラペーニョピクルス … 10g
ライム果汁 … 10g
塩 … 適量

仕込み

長芋は皮をむいて輪切りにしてミキサーに入れ、ライムを絞り、ハラペーニョピクルス、塩を加えて回し、とろとろにする。（写真l・m）

POINT　ハラペーニョピクルスは、小口切りにしたハラペーニョに、ニンニク、白ワインビネガー、水を合わせて沸かしたものをかけ、常温まで冷まし、冷蔵庫で1週間寝かせたもの。

l

m

仕上げ

モツ煮込みソーセージ … 1本
長芋のソース … 適量
バジルオイル（バジルペーストをオリーブオイルでのばす）… 適量
青パパイヤ（スライス）… 適量
マッシュルーム（スライス）… 適量
いんげん（3〜4cm長さ）… 適量
エシャロット（スライス）… 適量
マスタードドレッシング … 適量
温泉卵の黄身 … 1個
塩 … 適量
コリアンダー … 適量
EXV オリーブオイル … 適量

仕上げ

1. モツ煮込みソーセージを解凍し、フライパンでソテーし、全面に焼き色をつける。（写真n）
2. ボウルに青パパイヤ、マッシュルーム、いんげんを合わせ、バジルオイル、マスタードドレッシングを加えて和える。（写真o）
3. 温泉卵は白身を取り除く。（写真p）
4. 器に長芋のソースを丸く流し、中心に温泉卵の黄身をのせて塩をふり、脇にモツ煮込みソーセージを盛る。②のサラダを添え、コリアンダーを飾り、サラダにEXV オリーブオイルをかける。（写真q）

POINT
・温泉卵は白身も使うと味が薄まってしまうため、黄身のみを使う。
・サラダのバジルオイルはペースト状にしたバジルをオリーブオイルでのばしたもの。

n

o

p

q

Chef's comment

長芋のソースに温泉卵の黄身をのせ、目玉焼きに見立てて見た目にも驚きを。クラシカルなソースより、野菜のソースが内臓肉の風味によく合います。

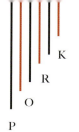

ブーダンブラン（白いソーセージ）

東京・外苑前『モツ酒場 kogane《こがね》』

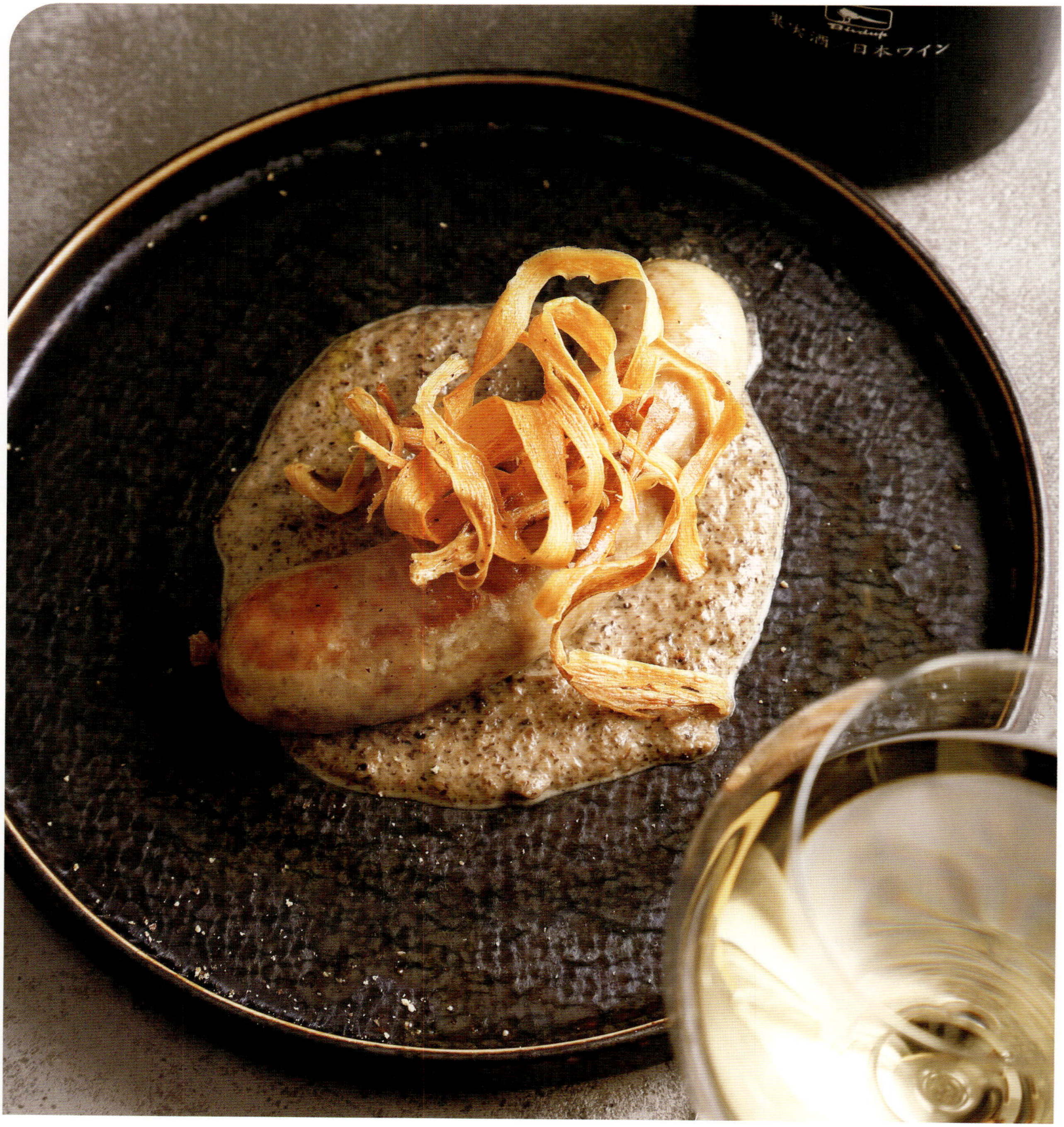

売価：800円　原価率：20％　部位：豚内臓肉

豚肉、鶏肉をベースに牛乳、生クリームを加えて作る“ブーダンブラン”を、マッシュルームの旨みあふれるソースで一皿に。モツ酒場ならではは豚コメカミや豚足、豚耳をふんだんに使い、クリーミーさの中にも風味や食感に力強さを持たせた。マッシュルームの濃厚さ、付け合わせのごぼうの香りもまた印象深い。

材料／約20本分

●ブーダンブラン
豚耳 … 240g
豚足 … 240g
玉ねぎ … 3個
牛乳 … 適量
豚コメカミ挽き肉 … 1.2kg
鶏ムネ挽き肉 … 1kg
白胡椒 … 6g
キャトルエピス … 2g
コリアンダー … 2g
塩 … 45g
生クリーム … 450g
卵白 … 400g
豚腸 … 適量

●マッシュルームのソース
玉ねぎ（スライス）… 1個分
マッシュルーム（スライス）… 500 g
白ワイン（フランベしたもの）… 適量
ブロード … 適量
生クリーム … 150 g
塩、胡椒 … 適量
サラダ油 … 適量

仕上げ用
ブーダンブラン … 1本
マッシュルームのソース … 適量
ごぼうの素揚げ … 適量
塩 … 適量

Chef's comment

クリームのなめらかさ、ソーセージの滋味に合わせてワインは日本のシャルドネを。旨みのある白がよく合います。

仕込み

［ブーダンブラン］

1 豚耳と豚足は掃除し、水から茹でて茹でこぼしてから、3時間ほど茹でて柔らかくする。
2 玉ねぎはひたひたの牛乳で煮て、柔らかくなったらミキサーにかける。
3 ①の豚耳と骨をはずした豚足、②を熱いうちに合わせ、フードプロセッサーにかけ、冷ます。（写真a）
4 大きなボウルに豚コメカミと鶏ムネ肉の挽き肉、冷ました③、白胡椒、キャトルエピス、コリアンダー、塩を入れ、よく練り混ぜる。（写真b・c）
5 粘りが出てきたら生クリームを加えてさらに練り混ぜ、よく混ざったら卵白を入れて練り混ぜる。（写真d）
6 豚腸を戻しておき、⑤の生地を1本150 gになるようにぴっちりと詰め、両端をねじり留める。1本ずつラップで包み、冷凍保存する。（写真e）

POINT 豚足と豚耳はフードプロセッサーにかけて細かくする。一緒に牛乳で煮た玉ねぎと合わせることで生地とのなじみがよくなる。

［マッシュルームのソース］

1 鍋にオリーブオイルを熱し、玉ねぎを入れて炒め、透き通ってきたらマッシュルームを加えて炒め合わせ、白ワイン、ブロード、生クリームを加える。
2 軽く煮つめてから塩、胡椒で味を調え、ミキサーで回す。

仕上げ

1 ブーダンブランをお湯で温めてから、ソテーして表面をパリッとさせる。
2 マッシュルームのソースを温める。
3 器にマッシュルームのソースを敷き、ブーダンブランをのせ、素揚げにしたごぼうに塩をふって飾る。

POINT 豚挽き肉は肉の食感を感じてもらうため、10mmの粗挽きにしたものを使用。冷凍保存では水分が飛んでしまうため、2〜3日で使い切る分を冷蔵保存。

a

b

c

d

e

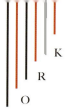

田舎風ブーダンノワールのテリーヌ

東京・池尻大橋『wine《ワイン》 bistro《ビストロ》 apti.《アプティ》』

売価：900円　原価率：24.3%　部位：豚の血

“田舎風”という名の通り、アプティのブーダンノワールは濃厚なテリーヌの中に煮込んだタンや豚足、耳も入り、食感の楽しさもあるボリューム感のあるもの。豚の血に均等に火が入るよう、湯煎にかけてやわらかく火入れし、火入れ後もすばやく全体を冷やすことで、なめらかなテリーヌに仕上げる。

材料／長さ 29.5cm ×幅 8.5cm ×高さ 6.5cm のテリーヌ型 1台分

A
- ポワロー（または長ねぎ）… 150g
- 玉ねぎ … 100g
- ニンニク … 50g
- タカノツメ … 1/2 本
- コンフィ脂 … ソースキュイエール1杯分

＊豚耳、豚ネック、豚足（刻んで味をしたもの）… 450g
→112 ページ
＊豚タンのコンフィ（2～3㎝角に切る）… 1本分　→112 ページ
豚の血 … 500g
キャトルエピス … 4g
塩 … 10g（肉と血の重量の1％）
コーンスターチ … 16g
水 … 適量

仕上げ用

ブーダンノワール … 1カット
＊グリーンピースのピューレ … 適量
フリット … 適量
＊リンゴのコンポート … 適量
ヴィネグレット、ピメントデスプレット … 各適量
リーフサラダ … 適量

Chef's comment

選んだワインは果実味があって軽めのガメイ 100%。ハッカやスパイスなどのニュアンスがブーダンノワールによく合います。

仕込み

1 Aのポワローと玉ねぎはスライスし、ニンニクは皮をむいて半割りにして芯を取る。
2 大きめの鍋にAを入れ、弱火で色をつけないようスエする。
3 豚耳と豚ネック、豚足、豚タンのコンフィをボウルに入れ、湯煎で温めてやわらかくする。（写真a・b）
4 ②の鍋に豚の血と③、キャトルエピス、塩を入れ、ゴムベラで混ぜ続けながら弱火で 50°Cまで温度を上げる。50°Cになったら一度火からはずし、水で溶いたコーンスターチを入れ、よく混ぜ合わせる。再度火にかけ、混ぜ続けながら 60°Cまで温度を上げる。（写真c・d）
5 60°Cになったら火を止め、さらに2分ほど混ぜてツヤを出す。
6 テリーヌ型にサラダ油をぬり、クッキングシートを型に合わせて貼り付け、⑤を流し入れる。
7 バットに湯を張り、⑥をのせ、90°Cのオーブンで 40 分ほど湯煎にかけ、火を入れる。表面を触ってみて跳ね返るような弾力が出てきたら、氷水にあてて急冷し、冷蔵庫で1日寝かせる。（写真e・f）
8 翌日1食分ずつ切り分けて袋に詰め、冷凍する。テリーヌが固まってから真空包装する。（写真g）

仕上げ

1 サラダ油を熱したフライパンでカットしたブーダンノワールの表面を焼き、両面焼いたらオーブンに入れ、温める。
2 器にグリーンピースのピューレを敷き、①をのせ、フリット、リンゴのコンポート、リーフサラダを添え、ヴィネグレット、ピメントデスプレットをかける。

a

b

c
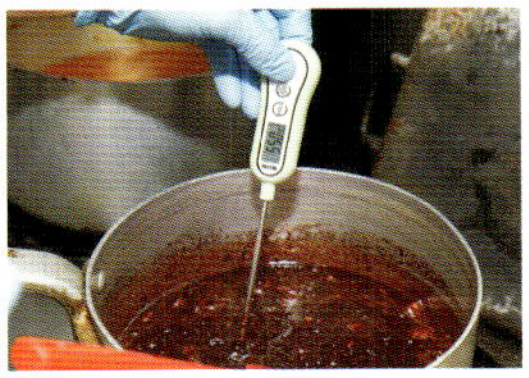
d

e
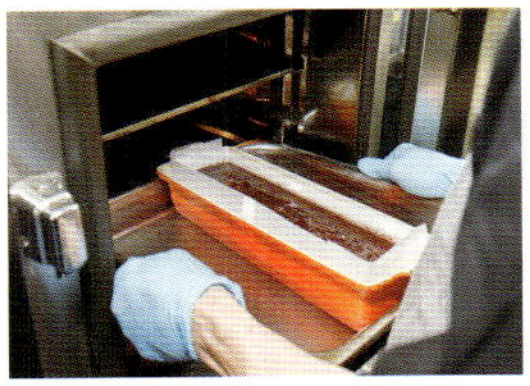
f

g

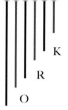

田舎風ブーダンノワールのテリーヌ

グリーンピースのピューレ

茹でたグリーンピースにフォンブラン、生クリーム、塩を加えてミキサーで回す。

リンゴのコンポート

フライパンで砂糖をキャラメリゼし、バター、マデラ酒、水を入れ、リンゴを焼きつける。

豚耳、豚ネック、豚足の煮方

材料　仕込み量

豚ネック（固まり）… 1kg
豚耳 … 1kg
豚足 … 2本
塩 … 39g（肉全体の重量の 1.5%）
硝石 … 5.2g（肉全体の重量の 0.2%）
豚の煮汁※ … 適量

※ 豚の煮汁はタンや豚足などを煮込んだ煮汁を冷凍しておいたものを使用する。継ぎ足しながら使う。これがない場合は人参1個、玉ねぎ1個、セロリ1本、ニンニク1個、適量の水と塩、ローリエ、タイム、パセリの茎、粒白胡椒、クミンシード、ジュニパーベリー、スターアニス、クローブと一緒に煮る。

作り方

1 豚ネックは残っている毛を取り除く。豚耳と豚足は2時間流水にさらし、汚れや血を掃除する。
2 水気をよく取ってから、分量の塩と硝石をまぶし、真空包装して5日間ほどマリネする。
3 ②を水で軽く洗い、豚の煮汁で3～5時間弱火で煮る。浮いてくるアクのみ取り除く。
4 金串がスッと通ったものから引き上げ、熱いうちに処理する。豚ネックは2～3cm角に切る。豚耳は幅4cmに切り分けてからスライスする。豚足は丁寧に骨を取り除き、粗みじんに切る。
5 ④をボウルにひとまとめにし、180mℓレードル1杯分の煮汁と塩、白胡椒で味を整える。
6 約1kgずつ袋詰めして冷やす。完全に冷えたら真空する。冷凍保存可能。

豚タンのコンフィ

材料　仕込み量

豚タン … 4本（約1kg）
塩 … タン1kgに対して 15g（重量の 1.5%）
ローリエ、タイム、黒ミニョネット … 各適量
コンフィ脂 … 適量

作り方

1 豚タンは塩とローリエ、タイム、黒ミニョネットをまぶして袋に入れ、空気を抜いて口を縛り、1日マリネする。
2 ①を軽く水洗いして水気を取り、85～90°Cに熱したコンフィ脂で4時間ほど火を入れる。
3 タンに金串がスッと通るようになったらバットに移し、常温で粗熱を取る。
4 冷蔵庫で完全に冷やし、1本ずつ真空包装して保存する。冷凍保存可能。

フォアグラ入り美食家のパテ

東京・池尻大橋『wine《ワイン》 bistro《ビストロ》 apti.《アプティ》』

材料／長さ 29.5cm ×幅 8.5cm ×高さ 6.5cm のテリーヌ型 1 台分

●パテ
豚粗挽き肉（5 mm）… 800g
豚ネック挽き肉 … 400g
鶏白レバー … 200g
豚背脂 … 80g
カゴメオニオンスライスソテー（30%）… 60g
ニンニク（みじん切り）… 1 かけ
パセリ（みじん切り）… 0.2 束分
卵 … 2 個

A
塩 … 20g
粉白胡椒 … 6 g
砂糖 … 6 g
キャトルエピス … 4g
硝石 … 2 g

B
コニャック … 16g
マデラ酒（フルリッチ）… 16g
ルビーポルト … 16g
豚の血 … 30g

網脂、ローリエ、ジュニパーベリーホール … 各適量

●中に入れる具材
＊鶏モモ肉塩漬け … 120g → 115 ページ
＊鴨砂肝コンフィ … 120g → 115 ページ
＊鴨ムネ肉塩漬け … 120g → 115 ページ
＊牛タン煮込み … 120g → 115 ページ
＊鴨フォアグラのコンフィ … 300g → 115 ページ
ナッツ（アーモンド、ピスタチオ）… 60g

仕上げ用
美食家のパテ … 1 カット
＊ピクルス（カブ、カリフラワー、人参、パプリカ、茗荷）… 適宜
＊紫キャベツのマリネ … 適量
黒胡椒、塩（ゲランド）、マスタード … 各適量

アプティ創業以来のスペシャリテとして人気のパテは、フォアグラや牛タン、砂肝、鴨肉、鶏肉など手をかけた具材がたっぷり入る贅沢な味わい。それぞれの具材にはきっちりと手をかけ、ぴっちりと詰めて熟成させることで“肉”が一体となり、また違ったおいしさが生まれる。テイクアウトでも好評。

Chef's comment
パテの具材は大きく切ることで何を食べているかわかるように。1週間くらい寝かせるとぐっとおいしくなります。

売価：1300 円　原価率：27.3%　部位：豚挽き肉など

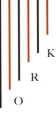

フォアグラ入り美食家のパテ

仕込み

1 背脂を1cm角に切り、ブランシールして冷やしておく。鶏白レバーはフードプロセッサーで回しておく。カゴメオニオンスライスソテーは刻んでおく。（写真 a）
2 大きめのボウルに豚粗挽き肉、豚ネック挽き肉、鶏白レバー、背脂、Aを入れて練り混ぜる。（写真 b）
3 粘りが出てきたら、カゴメオニオンスライスソテー、パセリ、ニンニク、卵を加えてさらに練り混ぜ、Bを加えてよく混ぜ合わせる。（写真 c）
4 中に入れる具材を切る。フォアグラは火を入れると小さくなるので大きめに切る。他の具材は一口大に切る。（写真 d）
5 ③を半量ずつに分けてボウルに入れ、片方に鶏モモ肉と鴨砂肝コンフィ、半量のナッツ、もう片方に鴨ムネ肉と牛タン煮込み、残りのナッツを加え、それぞれ一つにまとめ、空気を抜く。（写真 e～g）
6 テリーヌ型に網脂をかぶせ、⑤の鶏モモ肉と砂肝入りのパテを空気を抜きながら型の3/4まで詰める。その上の片側にフォアグラの半量を寄せて詰め、残りのパテを詰める。（写真 h）
7 さらに残りのフォアグラを反対側に寄せて詰め、鴨ムネ肉と牛タンが入ったパテをぴっちりと詰める。（写真 i・j）
8 全体を網脂で包み込み、ローリエとジュニパーベリーをのせ、全体をアルミホイルで包む。（写真 k）
9 芯温計を⑧の中心に刺し、200°Cのオーブンで10分焼く。オーブンのドアを開けずに設定温度を80°Cに下げ、芯温60°Cになるまで火入れする。
10 火入れが終わったら2kgの重しをし、氷水にあてて急冷する。
11 冷めたら、重しをしたまま冷蔵庫で寝かせる。真空包装し、冷蔵保存する。（写真 l）

仕上げ

注文が入ったらカットして器に盛り、黒胡椒、塩、マスタード、ピクルス、紫キャベツのマリネを添える。

a
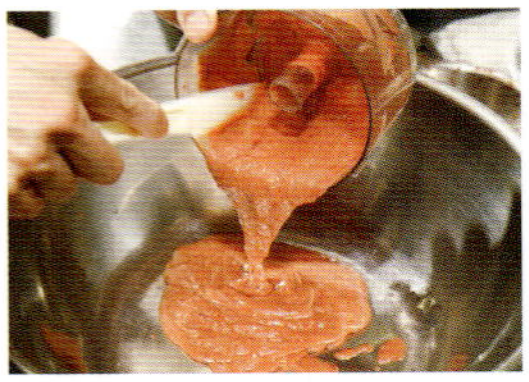

b

c

d

e

f

g

h
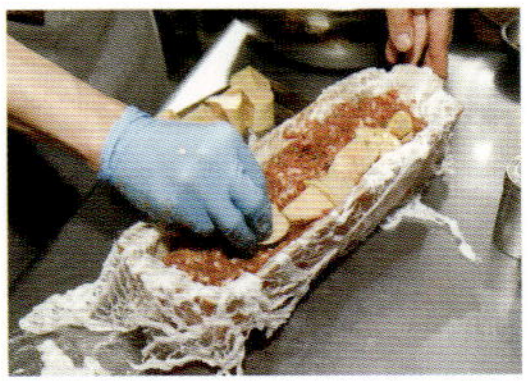

i
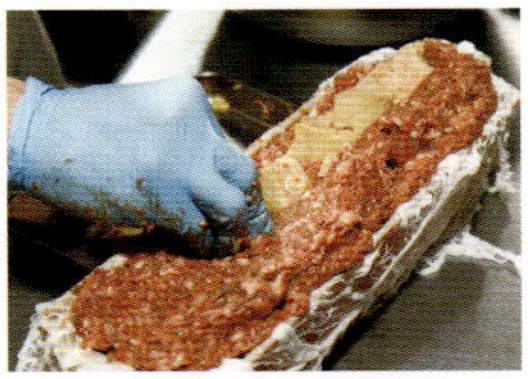

j
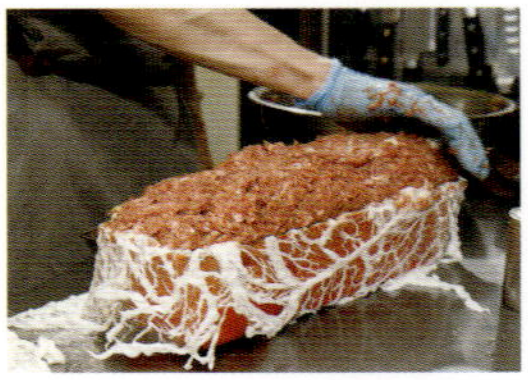

k

l

ピクルス

マリナードは醸造酢、塩、砂糖、水、スパイス（シナモン、ローズマリー、黒胡椒）を沸かし、冷ます。玉ねぎ以外の野菜はそれぞれ食べやすく切り、塩をして1時間ほどおき、水気を切ってマリナードに漬け込む。玉ねぎはコンフィにしてから漬ける。

紫キャベツのマリネ

紫キャベツはせん切りにし、塩でもみ1時間ほどおいて水を絞る。赤ワインビネガーを沸かして弱火で10分ほど煮て、フタをして常温で粗熱を取る。塩、白胡椒、酢、オリーブオイル、クルミオイルを回しかけ、味をなじませる。翌日から使う。

鴨フォアグラのコンフィ

材料　仕込み量

鴨フォアグラ … 1個（約600g）
塩 … 9g（重量の1.5%）
砂糖 … 3g（重量の0.5%）
粉白胡椒 … 1.8g（フォアグラの重量の0.3%）
コニャック … 少々

作り方

1 フォアグラを常温に戻し、バットにのせて分量の調味料をまぶす。バットに残った調味料を溶かすようにコニャックを振りかけ、フォアグラと一緒に真空包装し、冷蔵庫で1日マリネする。
2 真空包装した状態で、60℃のスチーム状態のコンベクションで15分ほど火入れする。
3 火が入ったら、真空のまま水に沈めて粗熱を取る。ザルに優しくあけ、太い血管を掃除してラップでくるみ、冷蔵庫で1日冷やす。完全に冷えたら真空包装する。冷凍保存可能。

鴨砂肝コンフィ

材料　仕込み量

合鴨砂肝（掃除したもの）… 1kg
塩 … 15g（重量の1.5%）
黒ミニョネット … 3g（重量の0.3%）
ローリエ、タイム … 各適量
コンフィ脂 … 適量

作り方

1 砂肝のかたい部分を庖丁で取り除く。処理した砂肝の重量を計り、必要な塩と黒ミニョネットを計量する。
2 調味料とスパイスを砂肝にまぶして袋詰めし、空気を抜くように口を縛り1日マリネする。
3 水で軽くすすいで水気を取り、85〜90℃のコンフィ脂の中で2〜3時間火を入れる。金串がスッと通ったら、網を引いたバットに開けて常温で粗熱を取る。
4 冷蔵庫で完全に冷やし、真空包装する。冷凍保存可能。

POINT　砂肝はもともと鶏を使用。もっと肉々しい個性を加えるために合鴨に変えたもの。

牛タン煮込み

材料　仕込み量

牛タン … 1本
塩 … タン1kgに対して15g(重量の1.5%)
粉黒胡椒 … タン1kgに対して3g（重量の0.3%）
豚の煮汁※ … 適量　→112ページ参照

作り方

1 牛タンを1度湯通しして、皮を削るようにむく。重量を計り、必要な量の調味料をまぶし、ラップでくるみ、1日漬ける。
2 翌日ラップをはずし、豚の煮汁で4〜5時間ほど弱火で煮る。金串がスッと通ったら、牛タンが入る深いバットかポットに移して煮汁を注ぎ、1日寝かせる。
3 煮汁から取り出し、真空包装する。冷凍保存可能。

POINT　煮込んだ牛タンはパテの他、フォアグラと一緒にテリーヌにも作る。

鶏モモ肉と鴨ムネ肉の塩漬け

材料　仕込み量

鶏モモ正肉、鴨ムネ肉 … 適宜
塩 … 肉1kgに対して10g（重量の1.0%）
粉黒胡椒 … 肉1kgに対して1g（重量の0.1%）

作り方

1 肉に塩と黒胡椒をまぶし、ラップでくるみ､冷蔵庫で1日漬け､真空包装する。冷凍保存可能。

POINT　パテの具にする正肉は塩漬けにすることで、水分が出ず、粘りが出てパテとなじみやすくなる。

PORK

豚頭肉のポテトサラダ

東京・三軒茶屋『Bistro Rigole』

売価：1200円　原価率：28％　部位：豚カシラ、豚タン

ポテトサラダをソースにして食べるテット・ド・ポー。豚の頭肉は仕込みに手間も時間もかかる素材だが、皮やホホ肉、耳、タン、脳みそと、正肉にはない多彩な味わいが詰まった魅力的なシャルキュトリーとなる。じゃが芋との相性もよく、ポピュラーなピューレにからめるスタイルではなく、赤と紫が印象的なポテトサラダですすめる。

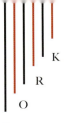

テット・ド・ポー

材料　仕込み量

豚カシラ肉 … 1頭分
豚タン … 2本
ソミュール液
- 水 … 5 ℓ
- 岩塩 … 400g
- 硝石 … 30g
- ローリエ … 25g
- タイム … 5本
- ニンニク … 5片
- 白胡椒（つぶしたもの）… 20粒

ミルポワ
- 玉ねぎ … 4個
- 人参 … 1本
- セロリ … 2本
- ニンニク … 1株
- 生姜（刻んだもの）… 50g

白胡椒、マスタード … 各適量

作り方

1 ソミュール液の材料を合わせて沸かし、冷ます。
2 豚カシラ肉とタンをソミュール液に漬け、空気に触れさせないよう落としラップをしてからラップをかけ、1週間ほどおいて塩漬けにする。
3 塩漬けにしたカシラとタンを鍋に入れ、ミルポワを加えてたっぷりの水を入れて火にかける。沸く直前に90°Cに温度を下げ、落としブタをして沸かさない程度の火加減で6時間ほど煮込む。（写真 a）
4 野菜を取り除き、カシラとタンを取り出す。（写真 b）
5 最初に下アゴをはずし、上アゴを持ち上げて脳みそを取り出し、上アゴの骨をはずす。（写真 c・d）
6 鼻の軟骨、眼球を取り除き、耳をはずす。眼球の周りの肉は使う。（写真 e ～ g）
7 タンは皮をむき、適当な大きさに切る。耳は軟骨部分を切り取り、適当な大きさに切る。（写真 h）
8 台にラップを大きく広げて敷き、掃除したカシラ肉を、皮を下にしてのせる。肉がバランスよくのるようホホの肉を切り取り、全体に散らす。耳を上部におき、脳みそ、タンを均等に並べる。（写真 i・j）
9 全体に白胡椒をふり、中心にマスタードをぬり、ラップを持ち上げてキャンディ状に巻き込む。空気が入らないようラップの両端を持ち、全体を巻きしめる。さらにラップを二重にして巻きしめる。（写真 k ～ m）
10 冷凍庫で冷やしてから冷蔵庫に移し、一晩おいて味をなじませる。
11 翌日、3cm 程度の厚みにカットして真空パックし、冷凍保存する。（写真 n）

a

b

c
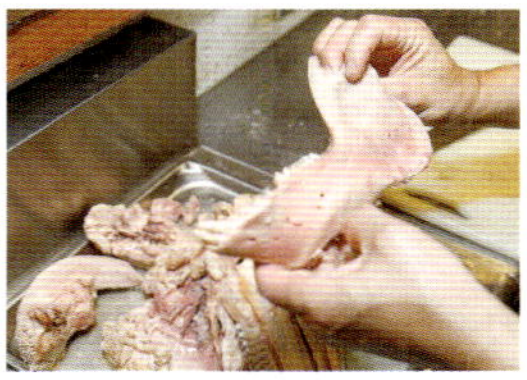
d
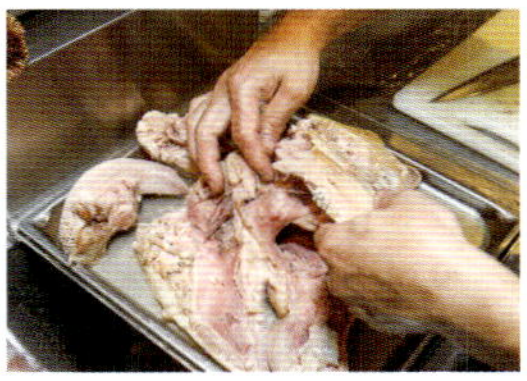
e
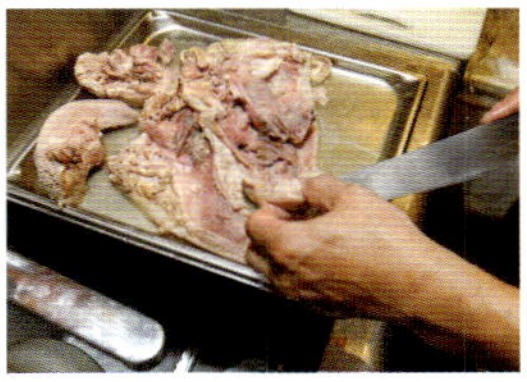
f

g
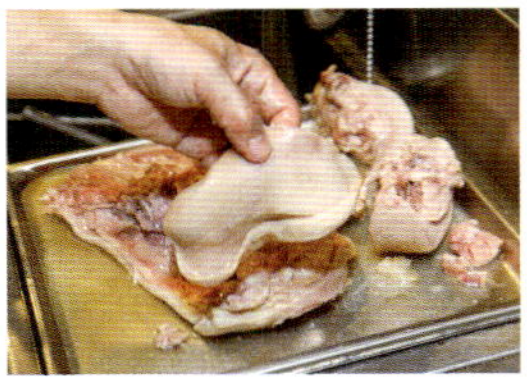
h

i
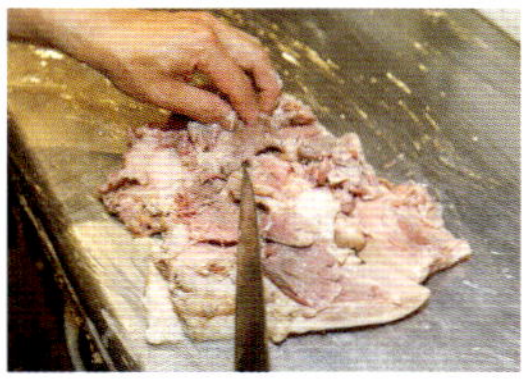
j
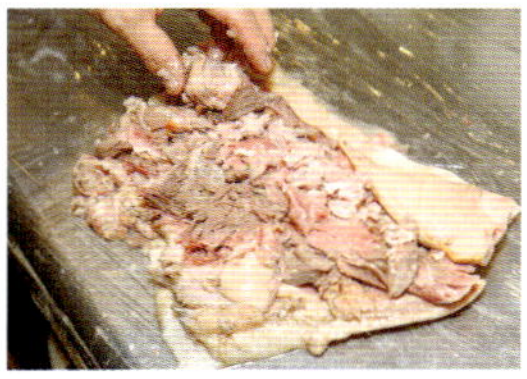
k

l
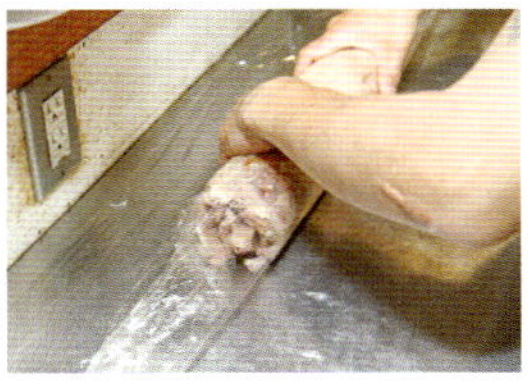
m
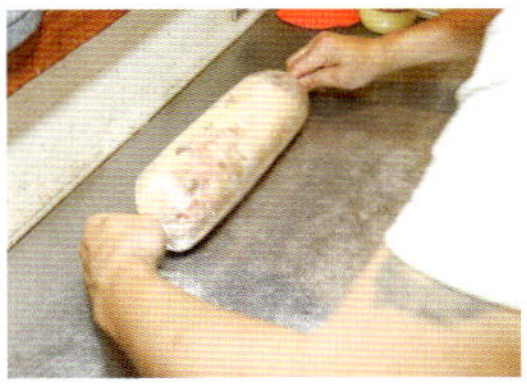
n

POINT　豚カシラ肉は丸で取り、半割りにしてもらう。

豚頭肉のポテトサラダ

ポテトサラダ

材料　仕込み量

じゃが芋（キタアカリ）… 1kg
胡瓜（小口切り）… 4本
アンチョビ（粗く刻む）… 40g
玉ねぎ（スライス）… 1と1/2個
自家製マヨネーズ … 100g
塩、白胡椒 … 各適量
紅くるり大根のマリネ … 適量

作り方

1 じゃが芋は蒸し器で蒸して柔らかくし、熱いうちにつぶしておく。
2 胡瓜は小口切りにし、塩もみして水気を絞る。
3 アンチョビを炒ってから玉ねぎを加え、柔らかくなるまで蒸し煮にする。（写真o）
4 ボウルに①〜③を合わせ、マヨネーズ、塩、白胡椒を加えて混ぜ合わせる。（写真p・q）
5 ④に細かく刻んだ紅くるり大根のマリネを混ぜ合わせる。（写真r）

o

q

p

r

POINT　紅くるり大根のマリネは紅くるり大根を薄くスライスしてバットに並べ、塩を薄くふり、シェリービネガーをふりかけ、落としラップをして1時間おいたもの。塩と酢の効果で鮮やかに発色する。

仕上げ

＊テット・ド・ポー … 1カット
＊ポテトサラダ … 適量
シャドークイーンのチップス … 適量
ビーツパウダー … 適量

1 その日使う分のテット・ド・ポーを冷蔵庫に移して解凍しておく。
2 フライパンに油を熱し、両面にこんがりと焼き色がつくまで①をソテーする。
3 器に②を盛り、ポテトサラダをのせ、シャドークイーンのチップスを添え、ビーツパウダーをふりかける。（写真s・t）

POINT　シャドークイーンは紫色の身質のじゃが芋。薄くスライスして油で揚げ、チップスにする。（写真u）

s

t

u
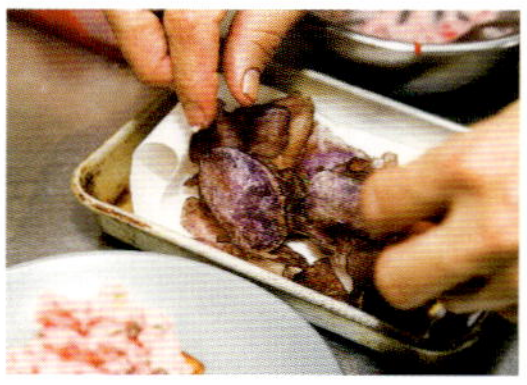

Chef's comment

シャルキュトリーの伝統的な手法で作るテッド・ド・ポー。時間はかかりますが、保存が利くというメリットがあります。

LAMB

LAMB

仔羊モモ肉のロースト

埼玉・ふじみ野『Pizzeria 26』

Chef's comment

酸味を利かせたソースと重心の低いソースの2種類を使うことがほとんど。素材の味を違う食べ味で、彩りの変化など料理を多彩に楽しんでもらいたい。

売価：2人前 2850円　※写真は1人前　原価率：35%　部位：羊モモ

ガッツリと肉を食べさせるイメージの肉料理。固まりの肉はピザ窯の炭火で焼き、炭の香りで燻していく。この香りがなんともいえない食欲をそそり、ワインとの相性も高める。脂身が少なく淡泊な羊肉にトマトやピーマンなど夏野菜を合わせ、季節感を大切にした仕上げに。ワインも抜け感があり、軽やかな赤が合う。

材料／２皿分

仔羊モモ肉 … 約 200g
塩、白胡椒、EXV オリーブオイル
… 各適量

●青ピーマンのソース
＊青ピーマンのピューレ … 適量
＊鶏と豚のブロード … 適量
→ 153 ページ
塩、白胡椒 … 各適量
バター … 適量

●クミンのスパイシーソース
＊鶏と豚のブロード … 適量
白ワインビネガー … 適量
クミンシード … 適量
塩、白胡椒 … 各適量

じゃが芋（輪切り）、トマト（輪切り）
… 各１個
塩、白胡椒 … 各適量
グリーンオリーブのパウダー
… 適量
赤玉ねぎのマリネ … 適量

＊青ピーマンのピューレ
適当な大きさに切ったピーマンをバターで炒め、水を加えてブレンダーで回し、ピューレ状にする。

作り方

1 仔羊モモ肉は固まりで焼く。写真は 400g。常温で戻し、塩、白胡椒をふり、EXV オリーブオイルをかける。
2 ピザ窯の炭火の上に焼き網を設置し、①の肉をのせて焼く。
3 ４分焼いたら肉の上下を返して４分焼き、さらに肉を返して３分焼く。芯温を確かめてから、アルミホイルで包んで温かい場所におき、余熱で火を通す。（写真 a 〜 c）
4 肉を焼いている間に２種類のソースを作る。青ピーマンのソースは青ピーマンのピューレ、鶏と豚のブロード、バターを合わせて火にかけ、弱火で煮つめ、塩、白胡椒で味を調える。（写真 d）
5 クミンのスパイシーソースは鍋に鶏と豚のブロードを入れて火にかけ、白ワインビネガー、クミンシードを加え、よく煮つめてから塩、白胡椒で味を調える。（写真 e）
6 トマトとじゃが芋をオリーブオイルを熱したフライパンでソテーする。
7 焼き上がった肉を半分に切り、塩、白胡椒をふる。（写真 f）
8 器に青ピーマンのソースを流し、ソテーしたじゃが芋とトマトをのせ、肉を盛り、クミンのスパイシーソースを肉にかける。赤玉ねぎのマリネを添え、グリーンオリーブのパウダーを散らす。（写真 g）

POINT
・羊肉は表面が乾かないようオリーブオイルをまぶして焼く。ピザ窯の設定は種火をつけた状態で、おこした炭の上で焼く。炭火の香りをつけながら柔らかく火が入る。
・羊肉と相性のよいクミンをソースに使い、クミンシードを煮詰めてしっかり味を出す。

Chef's comment
合わせたワインはフランスの中央部に位置するオーベルニュのガメイ。ベリーやザクロのような果実味と梨のような旨みが羊肉と調和する。

a

b

c

d

e

f

g

仔羊のクスクス

東京・池尻大橋『wine《ワイン》 bistro《ビストロ》 apti.《アプティ》』

売価：フルサイズ 3000 円 ※写真はハーフサイズ（2250 円） 原価率：30.4% 部位：羊肩・羊モモ

羊肉の代表的なビストロ料理といえばクスクス。ベースとなる羊肉は2日間マリネすることで肉の中にまでスパイスの香りを浸透させ、特有のクセを旨味に変えながらじっくりと煮込んでいく。メルゲーズ(仔羊のスパイシーソーセージ)、羊モモ肉のローストを重ね、羊肉好きにはたまらない骨太な一皿だ。

材料／7～10食分

ボンレスラムショルダー
… 1パック（1～1.5kg）

●マリナード

クミンシード … 2g
粉白胡椒 … 2g
クローブ … 1g
フェンネルシード … 2g
スターアニス … 1g
コリアンダーシード … 1g
タイム … 1.5g
カルダモン（あれば）… 2g
ニンニク … 5g
ローリエ … 1枚
ヒマワリ油 … 50g
コンフィ脂 … スプーン1杯分
塩、黒胡椒 … 各適量

A
玉ねぎ … 1個
人参 … 1/2本
セロリ … 1本
ニンニク … 4片

サラダ油 … 適量
カゴメオニオンスライスソテー
… 150g
トマトペースト … 30g
パプリカパウダー … 8g
フォンブラン … 500g
水 … 2ℓ
塩、薄力粉 … 各適量

仕上げ用

仔羊のクスクス（煮込み）… 1食分
＊メルゲーズ（仔羊のスパイシーソーセージ）… 1本 →125ページ
クスクス（ショートパスタ）… 50g
塩、オリーブオイル … 各適量
仔羊モモ肉（ボンレスラムレッグを掃除したもの）… 200g
塩、黒胡椒 … 各適量
サラダ油 … 適量
野菜（ベビーコーン、オクラ、ズッキーニ、ナス、赤・オレンジパプリカ、玉ねぎ）… 適量
オリーブオイル、ピマンデスペレット、人参の葉 … 各適量

Chef's comment

煮込みの煮汁に濃度をつけることで、クスクスが汁を吸って味がぼやけるのを防ぐことができます。

仔羊のクスクス

仕込み

1 マリナードの材料を合わせてブレンダーでよく回す。約150gの固まりに切ったラムショルダーにすり込み、冷蔵庫で2日間マリネする。
2 Aをフードプロセッサーにかけ、みじん切りにしておく。
3 マリネした肉をバットに広げて塩をして30分ほど常温でおく。（写真a）
4 その間に大きな鍋でAをサラダ油でスエする。
5 ④にカゴメオニオンスライスソテーとトマトペースト、パプリカパウダーを加えてさらにスエし、火を止める。
6 フライパンにサラダ油をたっぷり入れ、弱火～中火で③の肉に色を付けていく。バットに残ったマリナードは⑤の鍋に加える。（写真b～d）
7 肉の全体に色が付いたら、鍋に肉を移す。フライパンの油は捨てて水でデグラセし、鍋に入れる。（写真e）

POINT
・マリナード液に塩を加えないのは肉から水分が出て旨味が逃げるのを防ぐため。塩は当日することでしっとり仕上がる。
・マリナードもフライパンに残った焼き汁も旨味の素になるので、必ず煮汁に加える。

8 肉を鍋の中に広げ、薄力粉を手でまぶす。（写真f）
9 火を付けて木べらで混ぜながら薄力粉に火を入れる。フォンブラン、水を加えて沸かし、アクを取って弱火に落とし、フタをして煮込む。（写真g）
10 約2時間煮込んだら、金串を刺してみて柔らかさを確認する。金串が少し引っかかる程度の柔らかさまで煮込み、肉をバットに移す。（写真h）
11 煮汁の表面の脂を取り、塩、黒胡椒で味を調え、濃度を調えてから、肉の入ったバットにすべて入れる。落としラップをして保存する。（写真i・j）
12 1日冷蔵庫で寝かせてから、1食分ずつ真空包装する。冷凍保存可能。

POINT
・煮汁に肉をつけて1日おくことで、さらに肉に味が入っていく。
・煮汁の濃度は煮汁の脂40gに同割の小麦粉を混ぜたもので調整する。
（写真k・l）

a

b

c

d

e

f

g

h

i

j

k

l

仕上げ

1 仔羊のクスクス（煮込み）を真空包装のまま湯煎で10分加熱する。メルゲーズは沸騰した湯で3分茹でる。クスクス（ショートパスタ）に塩とオリーブオイルをまぶし、熱湯70gを注ぎラップをして温かい所に置いて10分加熱する。（写真m）
2 冷たいフライパンにサラダ油をひき、塩と黒胡椒した仔羊モモ肉をのせ、弱火にかける。
3 肉を転がしながら表面を温めていく。表面が熱くなったら網を重ねたバットに移し、185℃のオーブンに45秒入れる。オーブンから出してアルミホイルをかぶせ、温かいところで5分休ませる。これを2回繰り返す。（写真n・o）
4 金串を肉の中心に刺し、温度を確かめ、火が入っていなければ②の工程を秒数を調整して繰り返す。
5 野菜をソテーする。
6 加熱したクスクス（煮込み）と⑤の野菜を鍋に入れ、オリーブオイルをかけて沸かし、185℃のオーブンで5分煮る。（写真p・q）
7 皿に盛り付ける直前に、④の肉の表面をグリルし、焼き目をつける。（写真r）
8 ⑥～⑦を器に盛り、オリーブオイル、ピメンデスペレットをふり、刻んだ人参の葉を散らす。別にクスクス（ショートパスタ）を添える。

m

p

n

q

o

r

メルゲーズ（仔羊のスパイシーソーセージ）

材料／約10本分

＊豚肉のソーセージの詰め物…330g →180ページ
仔羊肩挽き肉…500g
A
カイエンペッパーパウダー…0.5g
粉黒胡椒…1g
パプリカパウダー…8g
コリアンダーパウダー…1g
クミンパウダー…1g
カルダモンパウダー…1g
クローブパウダー…0.5g
ニンニクオイル…1g
アリサ…1g
オリーブ油…2g
塩…6g

豚腸…適量

POINT
メルゲーズは本来、羊肉だけで作るソーセージだが、豚肉のソーセージを加えることで、しっとりとして食べやすさも生まれる。

作り方

1 仔羊肩挽き肉にAを合わせて冷蔵庫で1日マリネする。
2 翌日、豚のソーセージの詰め物とマリネした挽き肉を合わせてよく練る。（写真a・b）
3 氷で冷やしながら戻した豚腸に約80g（指6本分が目安）ずつ詰める。詰めたソーセージの間でねじり、1本ずつタコ糸で縛る。（写真c・d）
4 冷蔵庫で2～4日干す。1本ずつ切り分けてタコ糸をはずし、冷凍保存する。

a

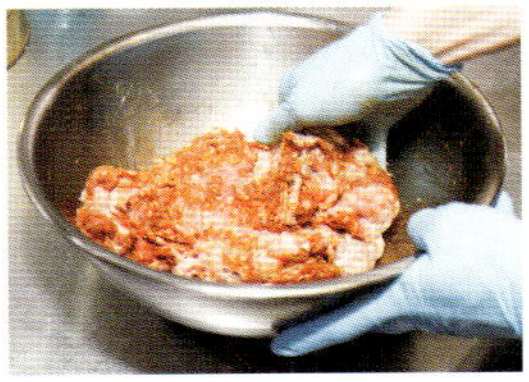
b

c

d

羊のフリット
藁の風味のベシャメルソース

大阪・本町『gastroteka bimendii』

売価：800円　原価率：38%　部位：羊ウデ

真っ黒な姿と、燻した香りが印象的なフリット。そのスモーキーな香りは煮込んだ羊肉のつなぎにするベシャメルソースにある。見た目も香りも強烈なインパクトがあるが、ベシャメルソースのコクにより、味わいは優しい。羊肉特有のクセも感じさせず、食べ応えも十分。衣の黒は竹炭パウダーで作り出す。

材料 仕込み量

羊ウデ肉 … 1.5kg
玉ねぎ … 250g
人参 … 100g
セロリ … 100g
ニンニク … 15g
牛乳 … 600g
鶏のブイヨン … 500g
パン粉 … 50g
●藁の風味のベシャメルソース
牛乳 … 450g
藁 … 50g
薄力粉 … 25g
バター … 40g

仕上げ用
フリットのタネ … 1個 40g
竹炭の衣
- 竹炭パウダー … 2g
- 薄力粉 … 75g
- 片栗粉 … 26g
- ベーキングパウダー … 4g
- 塩 … 2g
- 水 … 120g
- オリーブオイル … 20g

揚げ油 … 適量

Chef's comment

スペインの薪料理専門のレストランで出会った、薪の燻煙香を取り入れたいと試行錯誤して行き着いたのがこの方法。燃やした藁の中で煮出すというシンプルな方法ですが、燻した香りがうまく付きます。

仕込み

1 羊ウデ肉と玉ねぎ、人参、セロリはぶつ切りにして鍋に入れ、パン粉を加え、牛乳、鶏のブイヨンを注いでひたひたの状態にして、1時間半ほどオーブンで加熱する。
2 水分がなくなり、香ばしくなったら取り出し、へりについている焦げをこそげて混ぜ合わせ、軽くつぶす。冷ましてから保存容器に入れて保存しておく。（写真 a）
3 ベシャメルソースを作る。鍋に藁を入れて火をつけ、藁全体に火が回ったら牛乳を加え、フタをして5分～10分煮出し、キッチンペーパーで漉す。（写真 b～e）
4 小麦粉とバターを火にかけ、粉にバターをなじませ、藁の香りを移した牛乳を加えてのばし、ベシャメルソースにする。
5 ②とベシャメルソースを混ぜ合わせてフリットのタネを作り、1個 40g に丸めて冷蔵しておく。

POINT 藁の香りが強すぎる場合は、牛乳を足すなどして加減する。

仕上げ

1 竹炭の衣の粉類をふるい合わせ、塩、水、オリーブオイルを加えて溶き混ぜる。
2 丸めたフリットのタネに強力粉を薄くまぶし、①の衣にくぐらせ、揚げ油に入れ、カラリとなるまで揚げる。藁を敷いた器に盛る。（写真 f・g）

POINT 竹炭に風味は特になく、真っ黒な色にするために使用。内側のベシャメルの白とのコントラストを楽しんでもらう。

a

b

c

d

e

f

g

LAMB

仔羊のギョーザ

東京・三軒茶屋『Bistro Rigole』

羊肉の辛いソーセージ“メルゲーズ”を餡にして作る餃子。真っ黒な餃子の皮とデラウェアのソースと、見た目にも食べ味にも驚きの発想でカジュアルなイメージの餃子を再構築。フレッシュのぶどうで作るソースの甘酸っぱさが、メルゲーズの仔羊の香りや辛みにもよく合う。皮の黒は玉ねぎを炭化したもので、ほんのり玉ねぎの風味が残る。

売価：900円　原価率：15%　部位：羊肩

材料

●メルゲーズ
仔羊肩挽き肉…1 kg
塩…18g
スパイス
　パプリカパウダー…15g
　カイエンペッパー…2 g
　黒胡椒…3 g
　コリアンダー…3 g
　アニス…3 g
　オレガノ…3 g
　クミン…3 g
　フェンネル…3 g
A　＊玉ねぎのソテー…400g
　＊なすの塩漬け…100g
　ニンニク（みじん切り）…3 g
　アリッサペースト…3 g
　EXV オリーブオイル…6 g

●皮
＊玉ねぎの炭…3 g
強力粉…100g
薄力粉…100g
塩…2 g
熱湯…100g

●デラウェアのソース
デラウェア…100g
自家製梅干し…2 粒
塩…適量

＊玉ねぎのソテー
玉ねぎはスライスし、半量は柔らかくなるまでソテーする。残りの半量はやや食感が残る程度にソテーし、合わせておく。

＊なすの塩漬け
なすは適当な大きさに切り、重量の5～6％の塩と適量の赤しそを加えて真空パックし、常温で3日間おき、冷蔵庫に移して1週間低温発酵させる。

＊玉ねぎの炭
玉ねぎにバラバラにして天板にのせ、オーブンで炭になるまで焼き、ミルなどで細かくする。

仕込み

［メルゲーズ］
仔羊肩肉はミンチにし、塩とスパイス、A を加えてミキサーで練り混ぜ、冷蔵庫で一晩おく。（写真 a ～ c）

［皮］
1 玉ねぎの炭と強力粉、薄力粉、塩をフードプロセッサーで回し、均等に混ぜ合わせる。
2 ①に熱湯を加えて 10 分ほど回し、生地を作る。
3 生地を取り出してラップをかけ、常温まで冷ます。
4 冷めたら片栗粉をまぶしながら、パスタマシンにかけ、2 mm の厚さにのばし、直径 10cm のセルクルで抜く。

［ギョーザ］
1 メルゲーズを絞り出し袋に入れ、皮の上に 1 個 25g ずつ絞り出す。（写真 d・e）
2 皮のへりを水でぬらし、ひだを寄せて形よく包む。（写真 f）
3 保存容器に入れて冷凍保存する。（写真 g）

［デラウェアのソース］
デラウェアと種を取った梅干しをブレンダーにかけて回し、塩で味を調え、再度回してなめらかにする。（写真 h）

仕上げ

1 薄く油を敷いた鍋にギョーザを並べて焼き、焼き色がついたら水を入れ、6 分ほど蒸し焼きにする。
2 ①を温かいところに 6 分おいて余熱で火を通し、仕上げにオリーブオイルを足して焼き、焼き面をパリッとさせる。
3 器にデラウェアのソースを敷き、焼き上がったギョーザを盛る。

POINT
・ギョーザをポン酢醤油で食べるように、ぶどうの甘酸っぱさをソースにする。
・隠し味に加える梅干しは毎年、漬け込んでいるもの。

a

b

c

d

e

f

g

h

羊香水餃
（ラム肉とパクチーの水餃子）

東京・御徒町『羊香味坊』

売価：500 円　原価率：23%　部位：羊肩

同店の看板メニューの一つが、ラム肉とパクチーの水餃子。一口サイズで作り、熟練のスタッフが作るムッチムチの皮からラムの肉汁やパクチーの香りが口中に広がり、とりあえずのビールやサワーと一緒に注文するお客も多い。餃子だけで食べてもらうよう、餡には十分な味付けをする。好みで黒酢をかけてもらう。

材料　仕込み量

●餡
ラムショルダー肉（ブロック）
…500g
塩…5g
香菜（みじん切り）…100g
長ねぎ（みじん切り）…1本分
A　砂糖…5g
ゴマ油…50g
醤油…20g
鶏粉…5g
胡椒…少々
花椒水…少々
鶏の煮こごり
…少々
白絞油…50g

●皮
薄力粉…500g
強力粉…500g
湯…500mℓ

仕込み

［餡］
1　ラムショルダー肉（ブロック）を庖丁で叩いて粗いミンチにする。
2　ボウルに①の肉を入れ、塩を加えて軽く練り混ぜ、香菜、長ねぎを加えてなじませる。
3　さらにAの調味料を加えて手で練り混ぜ、調味料を全体になじませる。（写真a）

［皮］
1　強力粉と薄力粉をボウルに入れ、湯を数回に分けて加えながら、粉に水分をなじませていく。
2　全体にまとまってきたら台に取り出し、よく練る。表面がなめらかになるまで練り、乾燥しないようビニール袋に入れ、半日ほど寝かせる。

仕上げ

1　皮の生地を棒状にまとめ、8gずつに切り分けて平たくのばし、粉を打ちながら麺棒で直径6cmの円形に伸ばす。（写真b・c）
2　皮に餡を9gずつのせて手で包む。（写真d・e）
3　沸騰した湯で5分間茹でる。水気を切って皿に盛る。

a

b

c

d

e

Chef's comment

小籠包や焼き餃子とともに人気の一品です。肉汁たっぷりの餡にパクチーの香りが加わり、さっぱりと食べられます。

烤羊背脊（ラムスペアリブ炭火焼き）

東京・御徒町『羊香味坊』

売価：800円　原価率：35%　部位：羊スペアリブ

羊肉好きにはたまらない、羊特有の香りも味わいも存分に堪能できるのがスペアリブ。野菜をふんだんに使ったマリネ液をじっくりと浸透させ、野菜の旨みも加えていく。さらには、ラムに合う“ラム肉醤”を開発。濃厚味のあるタレを加えることで、肉を骨からかじり取る、そのおいしさを倍増させる。

材料　仕込み量

ラムスペアリブ肉（ブロック）
　… 5kg
腌泡汁（マリネ液）3500g
　玉ねぎ（スライス）… 400g
　香菜（みじん切り）… 45g
　＊コウボウ（みじん切り）
　　… 50g
　生姜（みじん切り）… 35g
　人参（みじん切り）… 75g
　ピーマン（みじん切り）
　　… 15g
　トマト（ダイス切り）… 165g
　卵 … 3個
　ビール … 350mℓ
　塩 … 10g
ラム肉醤
　甜面醤 … 350g
　辛醤 … 500g
　香其醤 … 1500g
　長ねぎ（みじん切り）
　　… 60g
　生姜（すりおろし）
　　… 50g
　ニンニク（すりおろし）
　　… 100g

仕上げ用
マリネしたラムスペアリブ … 150g
塩 … 適量
＊スパイスミックス … 適量

＊コウボウ
コウボウはイネ科の植物で甘い香りが特徴。ここではセロリでも代用可能。

＊スパイスミックス
クミンパウダー5gとクミンシード5g、すりごま5gを混ぜ合わせる。

仕込み

1　腌泡汁（マリネ液）を作る。材料をすべてボウルに入れて混ぜ合わせる。
2　ラムスペアリブ肉を①のマリネ液に最低10時間～2日ほど漬け込む。（写真a）

仕上げ

1　マリネしていた肉を取り出し、水分を拭き取り、炭火で焼く。（写真b・c）
2　途中、塩をふり、表面が乾かないようサラダ油（分量外）をぬり、肉を返しながらこんがりと焼き上げる。（写真d・e）
3　焼き上がったら骨と骨の間で切り分けて皿に盛り、塩を軽くふり、スパイスミックスをたっぷりまぶす。（写真f）

POINT　ラムの香りによく合うクミンをパウダーとシードを合わせて使い、香りとプチッとした歯触りをプラスする。

Chef's comment
スペアリブは漬け込めば漬け込むほどおいしい。ビールを加えたマリネ液で肉が柔らかくなります。赤ワインにもぴったり。

a
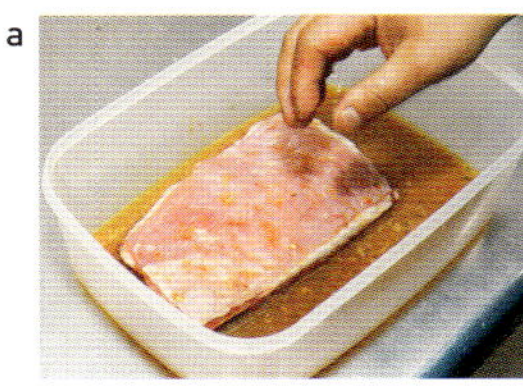
b

c

d

e

f

口水羊（よだれラム）

東京・御徒町『羊香味坊』

人気の“よだれ鶏”をラムのスネ肉で作る。ゼラチン質豊富なスネ肉はスパイスを加えて香りよく煮込む。形を整えてから冷やすと、肉の持つゼラチン質で自然に結着。これをスライスして、幾種類もの香味野菜や香辛料を配合して作る専用のタレをたっぷりかける。このタレの味が絶妙で、ラムだけでなく、キャベツもご馳走に変わる。

売価：800円　原価率：30%　部位：羊スネ

材料　仕込み量

●ラムスネ肉の煮込み
ラムスネ肉 … 20kg
醤湯（煮汁）
醤油 … 500g
紹興酒 … 400g
長ねぎ（みじん切り）
… 1本分
生姜（みじん切り）… 80g
八角 … 50g
ローリエ … 50g
白芷（ビャクシ）… 50g
草果（ソウカ）… 50g
小茴香（ウイキョウ／
フェンネルシード）… 50g
山椒 … 30g
塩 … 100g
水 … 4000mℓ

●口水汁（タレ）（作りやすい分量）
A
長ねぎ … 80g
生姜 … 25g
花椒 … 3g
八角 … 3g
香葉 … 1g
鶏粉 … 20g
塩 … 10g
鶏湯 … 800mℓ
B
長ねぎ（みじん切り）
… 150g
生姜（みじん切り）… 50g
ニンニク（すりおろし）
… 40g
香菜（みじん切り）… 10g
胡瓜（3cmの筒切り）
… 1本分
香油 … 125g
辣椒油 … 100g
菜種油 … 50g
香酢 … 375g
砂糖 … 240g
熟唐辛子（粉）… 50g
花椒（粉）… 30g
鶏粉 … 50g

仕上げ用
ラムスネ肉の煮込み（スライス）
… 8枚（約80g）
キャベツ（せん切り）… 適量
口水汁（タレ）… 適量
味付ピーナッツ、白ごま、自家製ラー油、パクチー … 各適量

仕込み

［ラムスネ肉の煮込み］
1 ラムスネ肉は骨に沿って庖丁を入れ、骨を取り出す。（写真 a・b）
2 醤湯（煮汁）を作る。材料をすべて鍋に入れて加熱し、沸騰したら弱火で15分間加熱して火を止める。
3 醤湯に①の肉を加えて火にかけ、沸騰したら弱火で6～7時間煮込む。
4 ③を鍋のまま常温まで冷まし、肉を取り出し、棒状に形を整えてラップでぴっちりと巻き、冷蔵庫で冷やし固める。（写真 c）

［口水汁（タレ）］
1 Aの材料をすべて鍋に入れ沸騰させてから火を止める。
2 Bの材料をすべて①に加え、均一になるように混ぜ合わせてから密閉容器で保存する。（写真 d）

仕上げ

1 ラムスネ肉の煮込みを3～4mm厚さにスライスする。（写真 e）
2 皿にキャベツを盛り、①を並べて口水汁（タレ）を回しかける。砕いた味付ピーナッツ、白ごまをふり、自家製ラー油をかけ、パクチーをのせる。（写真 f）

POINT 自家製のタレの上にピーナッツやラー油をかけて、食感や辛味をプラス。

a
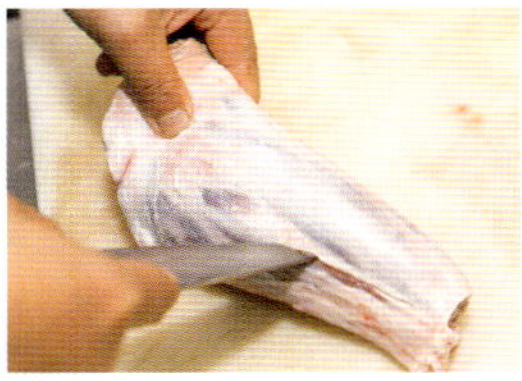
b
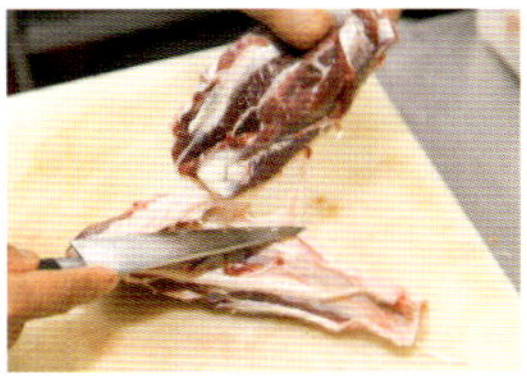
c

d

e

f

山椒羊肉（ラム肉炒め（山椒））

東京・御徒町『羊香味坊』

a

b

c

d

売価：1000円　原価率：28%　部位：羊肩

「ラム肉炒め」は山椒とクミンの２種類のスパイスから選べる。羊との相性がよいクミンはもちろん、花椒の爽快で舌に残る辛さも人気。角切りにして存在感をもたせたラムはマリネしてしっとりと、油通しをして火を通りやすくするのがポイント。あとから加える玉ねぎの食感がいいアクセントになる。

材料／１皿分

ラムショルダー肉 … 160g
腌泡汁（マリネ液）
　玉ねぎ（みじん切り）… 10g
　鶏卵（溶き卵）… １個分
　塩 … 少々
片栗粉 … 適宜
サラダ油（揚げ油）… 適量
セロリ … 25g
玉ねぎ … 30g
A
　塩 … ２g
　鶏粉 … ３g
　花椒（粉）… １g
　熟唐辛子（粉）… ２g

仕込み

1 ラムショルダー肉は２～３㎝角のダイスカットにする。セロリと玉ねぎは乱切りにする。（写真 a）
2 肉を材料を混ぜ合わせた腌泡汁（マリネ液）に 30 分間ひたす。
3 ②を取り出し、汁気を切り、片栗粉を薄くまぶし、180℃の油で 30 秒ほど揚げ、油を切る。セロリも油通しする。（写真 b・c）
4 油を熱した鍋に③を入れて軽くあおり、玉ねぎを加えて炒め、Ａの調味料を順に加えて手早く炒め合わせ、皿に盛る。（写真 d）

POINT
・ラム肉はマリネをすることで水分を含み、ジューシーな仕上がりに。
・片栗粉をまぶして油通しをし、肉の旨みをとじこめる。

葱爆羊肉
（ラム肉と長葱の塩炒め）

東京・御徒町『羊香味坊』

ラムとねぎのシンプルな炒め物。ラムロースの赤身肉の香りや味そのものを生かすため、調味料にスパイスは加えず、塩ベースの味付けで仕上げる。衣をつけて油通しすることで、仕上がりがふんわりと柔らかくなる。同店では羊は一頭買いし、様々な料理に使い分ける。

材料／1皿分

ラムロース肉 … 200g
下味
　塩 … 少々
　胡椒 … 各少々
　卵白 … 1個分
　片栗粉 … 小さじ1
長ねぎ … 10cm
生姜（せん切り）… 1/4片分
サラダ油 … 15mℓ
A
　塩 … 2つまみ
　胡椒 … 少々
　紹興酒 … 少々
　鶏粉 … 少々
　鶏湯 … 少々

作り方

1 ラムロース肉はやや厚めの薄切りにする。長ねぎは2cm幅の斜め切りにし、ほぐしておく。（写真a）
2 ①の肉をボウルに入れ、下味の材料を加えて手でなじむまでもみ込む。
3 鍋にサラダ油を熱し、②の肉を入れ、玉杓子でほぐしながらむらなく火を通す。（写真b）
4 全体に白っぽくなったら、一度引き上げ、長ねぎ、生姜を入れて炒め合わせる。肉を戻し入れ、Aの調味料を順に加えて手早く炒め合わせ、皿に盛る。（写真c・d）

POINT 肉に油通しするように火を入れたらいったん取り出し、野菜を炒めてから戻すことがポイント。これにより、肉も野菜も火が入りすぎず、シャキッと仕上がる。

Chef's comment

脂があまり入らず、肉質の柔らかいロースはラムの中でも上品な味わいが特徴。シンプルに塩炒めにします。

a

b
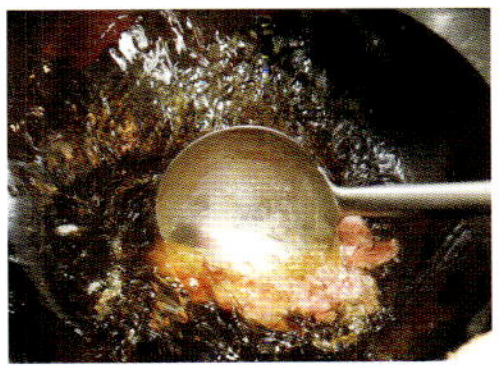
c

d

売価：1200円　原価率：30％　部位：羊ロース

L A M B

羊肉串（ラムショルダー串焼き）

東京・御徒町『羊香味坊』

羊の串焼きは新疆ウイグル地区でポピュラーな料理。肉をマリネすることは、下味をつけるとともに羊の臭みを取り、肉を柔らかくする効果もある。焼いてから加える味は塩だけでは物足りなく、クミンシードや唐辛子でスパイシーに焼き上げる。

a

b

c

d

売価：2本360円　原価率：36％　部位：羊肩

材料　仕込み量

ラムショルダー肉 … 5kg
腌泡汁（マリネ液）
- 玉ねぎ（スライス）… 大1個
- 鶏卵 … 3個
- 塩 … 少々

仕上げ用

マリネしたラムショルダー肉 … 4本分（1本45g）
塩 … 適量
スパイス
クミンシード … 適量
唐辛子（粉）適量
白ごま … 適量
えごま … 適量

仕込み

1 腌泡汁（マリネ液）を作る。ボウルに材料をすべて入れて混ぜ合わせる。
2 ラムショルダー肉は3cm程度のダイスカットにし、マリネ液に入れ、12時間漬け込む。（写真a）
3 ②を1本45gずつ串打ちしておく。

仕上げ

1 注文が入ったら、串打ちした肉を炭火にのせ、塩をふって焼く。（写真b）
2 焦がさないよう返しながら焼き、仕上げにスパイスをかけて焼き上げ、皿に盛る。（写真c・d）

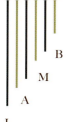

手扒羊肉（茹でラム肉）

東京・御徒町『羊香味坊』

売価：ˊ600 円　原価率：35%　部位：羊後ろ足

材料　仕込み量

ラム後ろ足肉（骨付きブロック）
　… 800g
生姜 … 30g
香菜 … 10g
塩 … 少々
薬味醤
　芝麻醤（市販品）… 15g
　ニンニク醤
　ニンニク（すりおろし）
　　… 3片分
　塩 … 少々
　すりごま … 10g
パクチー … 適量

作り方

1 大きな鍋にラム後ろ足肉（骨付きブロック）、生姜、香菜、塩を入れ、ひたひたになる量の水を注いで火にかける。（写真 a）
2 ①が沸騰したら、火を弱め、沸騰させせない程度の弱火で 40 分間茹でる。（写真 b）
3 薬味醤の材料を混ぜ合わせる。
4 ②を取り出し、熱いまま皿に盛り、パクチーを添える。別に芝麻醤、ニンニク醤、すりごまを添える。

POINT 茹でたてを手でほぐしながら、好みの薬味醤で食べてもらう。（写真 c・d）

羊の後ろ足の肉を固まりで茹で上げ、手でほぐしながら食べるという野性味あふれる料理。筋肉質の肉は脂が少なく、ホロホロとくずれ、ホクホクとした身の旨みが味わえる。食べ飽きないよう薬味醤は 3 種類。好みで組み合わせながら食べてもらう。

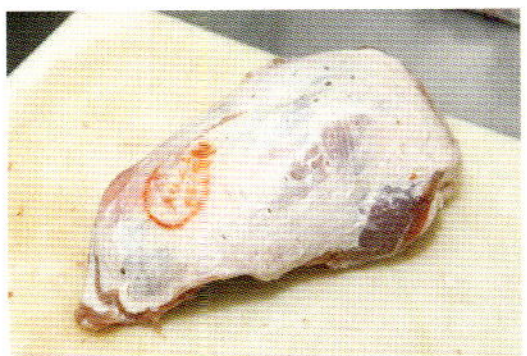

a

b

c

d

LAMB

仔羊のしっとり焼き

東京・茅場町『L'ottocento』

“ストゥファート”とはストーブを語源にする煮込み料理のこと。マリネした肉は水分を加えずにフタをして蒸し焼きにし、肉の持つ水分をじっくり抜いて肉の旨みを凝縮。煮込みとはいえ、ローストに近く、焼きの香ばしさもある。骨付きスネ肉を１本で供する迫力も評判で、同店のスペシャリテとなっている。

売価：3500円　原価率：33%　部位：羊スネ

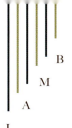

材料／1本分

●仔羊のしっとり焼き
骨付き仔羊スネ肉 … 1本
マリネ用
塩 … 肉の重量の0.9％
＊ニンニクローズマリーオイル
… 肉の重量の5％
玉ねぎ … 70g
セロリ … 70g
トマト（角切り）… 1/2個
白ワイン … 50mℓ

●レンズ豆の煮込み
レンズ豆 … 100g
クローブ茶
クローブ … 15g
水 … 300mℓ
人参、玉ねぎ、セロリのソフリット
… 35g
アンチョビペースト … 20g
白ワイン … 15mℓ

＊ニンニクローズマリーオイル
オリーブオイルにニンニクアッシェとローズマリーを漬け込む。

仕込み

［仔羊のしっとり焼き］
1 骨付き仔羊スネ肉は塩をまぶし、冷蔵庫で一晩おく。
2 ①のスネ肉にニンニクローズマリーオイルをからめ、玉ねぎ、セロリと一緒に真空パックし、さらに一晩おく。（写真a）
3 マリネしたスネ肉を鍋に入れ、フタをして180℃のオーブンで30分ごとに上下を返し、90分火入れする。（写真b～d）
4 90分後、トマトを加えて30分オーブンに入れる。（写真e）
5 さらにアルコールを飛ばした白ワインを加え、10分オーブンに入れる。（写真f）
6 スネ肉を取り出し、冷めてから真空パックして冷蔵保存する。煮汁は別に煮つめ、別に取りおく。（写真g・h）

POINT
・塩で一晩、オイルと野菜でさらに一晩マリネすることで、肉の内側に塩や風味が浸透する。
・白ワインはアルコール臭さが残らないよう、煮切ってから使う。

Chef's comment
肉の臭みを消す効果のあるクローブのお茶で炊いたレンズ豆を付け合わせにし、羊肉のクセを和らげます。

a

b

c

d

e
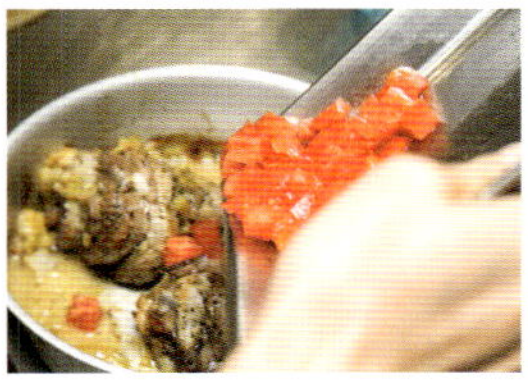
f

g

h

仔羊のしっとり焼き

［レンズ豆の煮込み］

1 クローブを水にひたし、3時間かけて煮出し、クローブ茶を作る。（写真 i）
2 レンズ豆は炊く30分前に水につけて戻す。
3 鍋にソフリット、アンチョビペーストを入れて炒め、レンズ豆を加えて混ぜ合わせ、白ワインを加えてアルコールを飛ばし、煮出したクローブ茶を入れ、20～30分炊く。（写真 j・k）
4 炊き上がったら冷まし、保存容器に入れて冷蔵保存する。（写真 l）

仕上げ

1 注文が入ったらスネ肉の煮込みをパックから取り出し、バットにのせてラップをかけ、100°Cのスチームコンベクションオーブンで20分温める。
2 煮つめたソースを鍋に入れて火にかけ、温めたスネ肉を入れてソースをからめる。（写真 m）
3 別にレンズ豆を鍋で温め、オリーブオイルを回しかける。（写真 n）
4 器にレンズ豆を敷き、ソースごとスネ肉を盛る。

POINT クミンとカイエンペッパー、オリーブオイルを混ぜ合わせたスパイスを添え、好みでつけて食べてもらう。

i

j

k

l

m

n

CHICKEN

みつせ鶏唐揚げ

東京・渋谷『酒井商会』

売価：400円　原価率：35%　部位：鶏手羽先

ほとんどのお客が注文するという手羽先骨付きの唐揚げ。唐揚げは居酒屋メニューとしてもポピュラーだが、同店の唐揚げの人気は、姿のおもしろさだけでなく、素材の味を損なわない下味の付け方、骨をはずして食べやすくする繊細な技術にある。はずした骨もまたパイタンスープのような濃厚スープに活用する。

材料　仕込み量

みつせ鶏手羽先 … 約 2 kg（35 本）
●下味
酒 … 200mℓ
淡口醤油 … 180mℓ
おろし生姜 … 20g

片栗粉 … 適量
揚げ油 … 適量
自家製柚子胡椒 … 適量

仕込み

1 みつせ鶏の手羽先の関節部分に切り目を入れ、外側に折り、肉を押し下げるようにして骨を出し、1 本骨を抜く。もう一本はつけたままにする。（写真 a 〜 c）
2 骨を抜いた手羽先をバットに並べ、酒、淡口醤油、おろし生姜を加えてまぶし、下味をつける。落としラップをして 10 分ほどおく。（写真 d）
3 10 分つけたら味が入りすぎないよう、汁を切り、保存容器に移しておく。（写真 e）

POINT 手羽先から取り出した骨は冷凍しておき、ある程度まとまったら、青ねぎ、生姜を加えて煮出し、鶏だしを取る。

仕上げ

1 注文が入ったら片栗粉をハケで薄くまぶし、揚げ油で揚げる。（写真 f ）
2 油を切って器に盛り、自家製の柚子胡椒を添える。

a
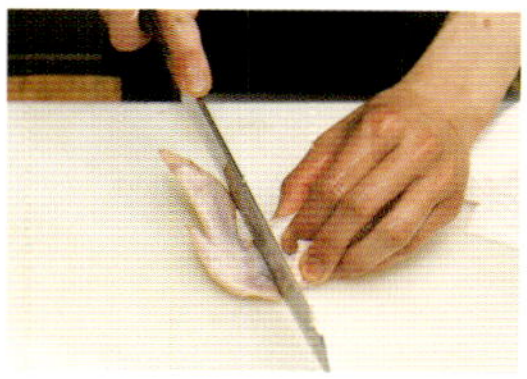
b
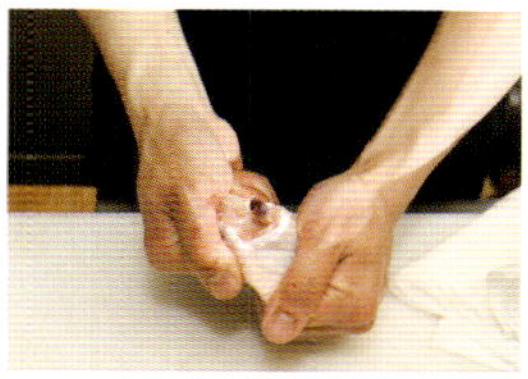
c
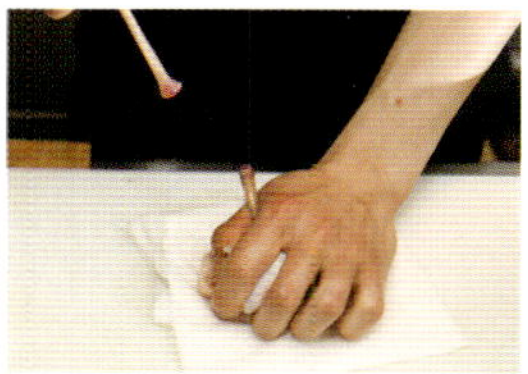
d

e

f

Chef's comment

揚げ物に合わせるなら、しっかりとした果実味と酸のある白ワイン。日本酒ならパワーのある生酛造りの酒がおすすめです。

CHICKEN

チキン南蛮

東京・神楽坂『十六公厘』

売価：980円　原価率：25%　部位：鶏モモ

たっぷりのタルタルソースに目を奪われるご馳走感いっぱいの「チキン南蛮」。タルタルソースに加える卵は茹で卵ではなく、炒り卵にし、注文が入ってから手早く仕上げる。衣をつけて揚げた鶏肉には、甘じょっぱい調味料と辛味の調味料の２種類をかけ、この段階でも十分おいしい。自家製ラー油もかけ、辛味で味を引き締める。

材料／１皿分

鶏モモ肉 … 120g
塩、胡椒 … 各適量
片栗粉 … 適量
衣（薄力粉２、片栗粉１、
　白玉粉１の割合で合わせ、
　水で溶く）… 適量
サラダ油 … 適量
＊辛味調味料 … 適量
＊甜醤油 … 適量
＊自家製ラー油 … 適量

●タルタルソース

マヨネーズ … 適量
玉ねぎ（みじん切り）… 適量
パクチー … 適量
卵 … １個
塩、醤油 … 各適量

＊甜醤油と辛味調味料

味のベースになる２種類の合わせ調味料。左側が「甜醤油」で、醤油と砂糖にタカノツメ、ニンニクを入れ、ドロッとするまで煮つめた甘じょっぱい味。右側は辛味づけに使う合わせ調味料で、一味唐辛子、ニンニク、生姜、玉ねぎ、干しエビをサラダ油で煮出したもの。

＊自家製ラー油

同割のサラダ油とごま油を合わせ、一味唐辛子、タカノツメ、ニンニク、玉ねぎ、生姜、ねぎを加えて煮出す。別に用意した一味唐辛子とタカノツメにジュッとかけ、冷ましてから漉す。

作り方

1 鶏モモ肉は身の厚いところを開き、塩、胡椒をふり、片栗粉を薄くまぶす。衣をつけて 180℃の油に入れ、衣がサクッとするまで揚げ、油を切る。（写真ａ～ｃ）

2 タルタルソースを作る。鍋にサラダ油を熱し、塩、醤油を加えた溶き卵を流し入れ、炒り卵にする。マヨネーズに刻んだ玉ねぎを混ぜ、パクチー、炒り卵を加えて混ぜ合わせる。（写真ｄ・ｅ）

3 揚げた鶏肉を食べやすく切って器に盛り、辛味調味料、甜醤油をかけ、タルタルソースをたっぷりのせる。自家製ラー油をかけて提供する。（写真 f・g）

POINT 衣は揚げ上がりの軽さを考え、薄力粉、片栗粉、白玉粉をミックスして作る。

a

b
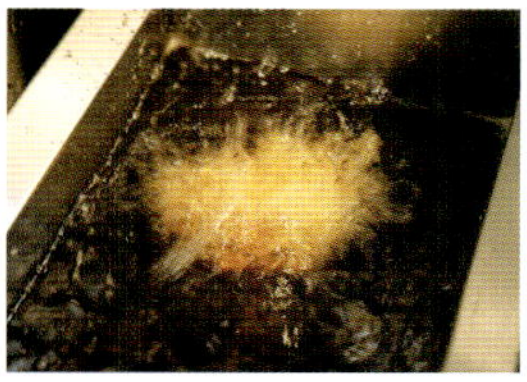

c
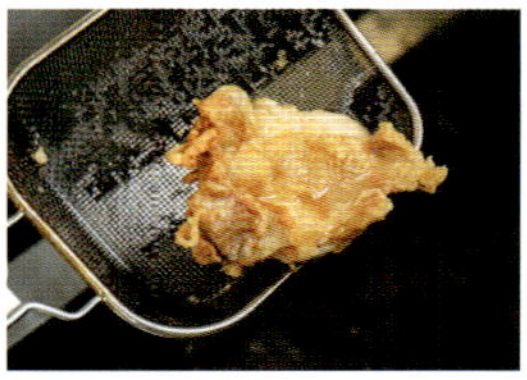

d

e

f

g

モルーノのフライドチキン

大阪・本町『gastroteka bimendi』

売価：700 円　原価率：35%　部位：鶏モモ

"モルーノ" はマリネした肉を串焼きにした料理のこと。スペイン中のバルで親しまれているピンチョスで、スパイシーな味付けはワインやビールのつまみにぴったり。鶏肉のピンチョスは、甘口と辛口の２種類のパプリカパウダーに、クミンパウダー、レモンの酸味を利かせてピリ辛味でマリネし、パン粉をまぶしてサクサクの食感に揚げる。このサクサク感もまた酒をすすめる。

材料　仕込み量

鶏モモ肉 … 1kg
マリネ液
- ニンニク … 60g
- レモン汁 … 50g
- ピメントン・ドゥルセ（甘口パプリカパウダー）… 20g
- ピメントン・ピカンテ（辛口パプリカパウダー）… 10g
- クミンパウダー … 10g
- 塩 … 32g
- オリーブオイル … 300g

強力粉 … 適量
揚げ油 … 適量
レモン … 適量

仕込み

1. 鶏モモ肉は１串分 25g 程度の大きさに細長く切る。
2. マリネ液の材料をミキサーで回す。
3. 鶏肉とマリネ液を合わせて真空包装し、一晩マリネしておく。（写真 a）

仕上げ

1. マリネした鶏肉の汁気を取って強力粉を薄くまぶし、溶き卵をくぐらせ、パン粉をつけ、竹串に刺す。（写真 b ～ d）
2. 170 ～ 180℃に設定した揚げ油に入れ、衣がカラリとするまで揚げ、油を切る。竹串を抜いて器に盛り、レモンを添える。（写真 e・f）

POINT　パン粉はバゲットから作る。外側を入れると色が悪くなるため、中心部分のみ使う。

Chef's comment

バスク地方のサン・セバスチャンでは微発泡の地ワイン「チャコリ」と一緒に楽しむのが一般的。高いところから注ぐと泡と酸が心地よい口当たりに変化します。

a

b

c

d

e
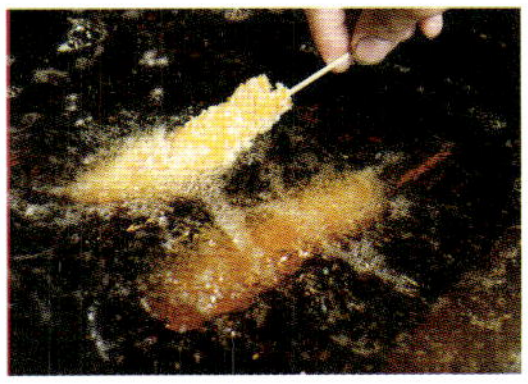

f

鶏の唐揚げ
（四川唐辛子とスパイス炒め）

大阪・西天満『Az/ ビーフン東』

売価：1600 円　原価率：27.8%　部位：鶏モモ

四川の伝統料理“辣子鶏”を食べ応えのある大きさで作り、唐揚げとしてもおいしく食べてもらう。鶏肉はパサつかないようジューシーな質感に仕上げるため、仕込みの段階で下味の汁気を十分に吸わせておく。さらに肉が固くならないよう二度揚げにし、休ませる時間にも火を入れていく。衣の外側にも調味料をからませることで、口当たりもよくなる。

材料／1皿分

鶏モモ肉 … 250g（1枚）
下味
　塩、醤油、酒、豆板醤 … 各適量
　ニンニク（みじん切り）、生姜（みじん切り）… 各適量
　卵、片栗粉 … 各適量
片栗粉 … 適量
サラダ油 … 適量
朝天唐辛子 … 適量
＊辛味調味料 … 適量
クミン … 適量
老酒、塩、砂糖 … 各適量
ミックスリーフ … 適量

＊辛味調味料（割合）
ニンニク（みじん切り）… 1
生姜（みじん切り）… 1
白ねぎ（みじん切り）… 0.5
ラー油 … 5
ラー油でニンニク、生姜、白ねぎを炒め合わせる。

Chef's comment
スパイシーな唐揚げに合うのが、ほんのりとフルーティーな甘さを持つドイツのリースリング。嚙み応えのある料理にも負けません。

仕込み

1 鶏モモ肉は軟骨を取ってスジを切り、6カットのぶつ切りにする。
2 ビニール袋に入れて下味の調味料とニンニク、生姜、卵、片栗粉を加えてよくもみ込み、冷蔵保存する。

仕上げ

1 下味をつけた鶏モモ肉に片栗粉をまぶし、ぎゅっと握って形を整えてから170～180°Cのサラダ油に入れ、全体に油を回しかけながら揚げる。（写真a・b）
2 いったん油から取り出して肉を3分ほど休ませる。（写真c）
3 再度油に入れ、表面がカリッと香ばしくなるまで揚げる。（写真d）
4 鍋に朝天唐辛子と辛味調味料を入れて炒め、鶏の唐揚げを入れ、クミン、老酒を入れてあおり混ぜ、塩、砂糖で味を調え、器に盛る。ミックスリーフを添える。（写真e・f）

POINT
・鶏肉は油で揚げた時間と同じくらいの時間休ませることで、しっとりと火が入る。
・辛味調味料は辛味のベースとして様々な料理に使う。

a

b

c

d

e

f

砂肝ガーリック

東京・神楽坂『十六公厘』

売価：750円　原価率：20%　部位：鶏砂肝

砂肝とニンニクは油で揚げ、ニラやねぎは油を使わず炒め合わせた、カラカラとした食感が新鮮。ザクザクとした歯応えを楽しんでもらうため、砂肝は小さくカットせず、あえて大きさを残して揚げる。その分、十文字に深い隠し庖丁を入れる下ごしらえを施す。ニンニクも厚めにスライスし、存在感を持たせる。

材料／1皿分

砂肝 … 100g
砂肝の下味
　醤油、酒、胡椒、ごま油
　　… 各適量
ニンニク … 4片分
ニラ（3～4㎝長さに切る）… 適量
白ねぎ（みじん切り）… 適量
タカノツメ（小口切り）… 適量
片栗粉 … 適量
＊薄衣 … 適量
サラダ油（揚げ油）… 適量
A｜朝天唐辛子、黒胡椒、白ごま、
　｜山椒塩 … 各適量

＊薄衣
小麦粉2に対し、片栗粉1、白玉粉1の割合で合わせ、水で溶く。

Chef's comment

"つまむ"ということを考えれば、これほどつまみ感のあるメニューはないのでは。汁気がない方が砂肝のゴリッと感に合います。

作り方

1　砂肝は側面の銀色の部分を取り除き、十字に深く隠し庖丁を入れ、醤油、酒、胡椒、ごま油で下味をつける。（写真 a）
2　ニンニクは厚めにスライスし、油でじっくり揚げ、油を切る。
3　①の砂肝に片栗粉を薄くまぶしてから、薄衣を加えてよくからめ、油で揚げる。衣がカリッとするまで香ばしく揚げ、油を切る。（写真 b・c）
4　鍋にタカノツメ、刻んだ白ねぎ、ニラを入れて炒め、②のニンニク、③の砂肝を加えて炒め合わせる。Aを順に加えて味を調え、全体を炒め合わせて器に盛る。（写真 d）

a

b

c

d

焼きせせりと湘南ごぼうのリゾット 甘夏のソース

東京・西小山『fujimi do 243』

売価：700円　原価率：14.2%　部位：鶏セセリ

温前菜の一つとして提供するリゾット。弾力のあるセセリをソテーにし、味も香りも強い湘南ごぼうのリゾットの上にのせ、爽やかな甘夏のソースをアクセントにした。ごぼうはじっくり炒めて味や旨みを凝縮して“ごぼうの素”を作り置きし、生クリームでのばす。この土の香りに柑橘の香りが絶妙にマッチする。

材料

●鶏セセリのマリネ
鶏セセリ肉 … 250g
マリネ液
　ブレンドオイル … 100g
　タイム、ローズマリー
　　… 合わせて 2g
　ニンニク（スライス）… 5g

●ごぼうのペースト
湘南ごぼう … 250g
玉ねぎ … 100g
タイム … 2g
ブレンドオイル … 400g

仕上げ用
鶏セセリ（マリネしたもの）… 45g
ごぼうのペースト … 45g
生クリーム … 4g
ご飯（カリフォルニア米）… 40g
＊甘夏のソース … 適量
＊甘夏のピール … 適量
ブレンドオイル、塩、黒胡椒
　… 各適量

＊甘夏のソース、甘夏のピール

甘夏のソースは果汁を絞って煮つめ、オリーブオイル、ハチミツを混ぜ合わせたもの。ピールは甘夏の皮を細かく切って砂糖と水で煮つめて、汁気を取ってグラニュー糖をまぶし、オーブンシートの上にのせ、2〜3日乾燥させる。

Chef's comment

土の香りが強いソースに何か柑橘がほしいと、時季の甘夏を使って作りました。皮もピールにしてほろ苦さをアクセントに。

仕込み

［鶏セセリのマリネ］
鶏セセリ肉は3日くらいで使い切る量をマリネする。鶏セセリ肉にブレンドオイルを注ぎ、タイム、ローズマリー、ニンニクを加えてオイル漬けにする。（写真 a）

［ごぼうのペースト］
1 ごぼうは斜め薄切りにし、水にさらしてアクを抜く。玉ねぎは薄切りにする。
2 鍋にブレンドオイルを熱し、玉ねぎを炒め、しんなりしたらタイム、ごぼうを加えて炒め合わせる。油が全体に回ったら塩をして炒め合わせ、フタをして弱火で蒸し焼きにする。
3 ごぼうの水分が飛んだら粗熱を取り、なめらかになるまでフードプロセッサーにかける。保存容器に移して保存する。（写真 b 〜 d）

POINT じっくり蒸し焼きにし、ごぼうの香りや旨みを凝縮する。水分を完全に飛ばしているので日持ちもする。

仕上げ

1 鍋にごぼうのペーストを入れて火にかけ、水を足してのばし、ゆるんできたら生クリームを加えて混ぜ合わせ、ご飯を加える。ご飯に水分を吸わせながら混ぜ合わせ、リゾットにする。（写真 e）
2 オイルから取り出した鶏セセリに塩を強めにふり、フライパンでソテーする。一緒に漬け込んだハーブもさっと火を通す。（写真 f）
3 リゾットを器に盛り、ソテーした鶏セセリをのせ、甘夏のピールを散らし、ハーブを上に飾る。甘夏のソースを回しかけ、黒胡椒をミルで挽きかけて仕上げる。（写真 g）

POINT ご飯はカリフォルニア米を使用。日本の米より小粒で炊き上がりが軽く、甘すぎない。

a

b

c

d

e

f

g

CHICKEN

大山鶏の柚子塩焼き

東京・六本木『ぬる燗 佐藤』

旨みが深く、ほどよい歯応えのある大山鶏。その旨さを存分に味わってもらうために塩のみで、炭火で焼き上げる。途中、酒をふりながら焼くことで、鶏の臭みが抜け、さっぱりとした仕上がりに。塩と柚子胡椒ですすめる。

売価：900円　原価率：25%　部位：鶏モモ

材料／1皿分

大山鶏モモ肉 … 1枚
酒、塩 … 各適量
グリーンサラダ（フリルレタス、
　ベビーリーフ、水菜）… 適量
ミニトマト … 1個
おろし醤油ドレッシング … 適量
柚子胡椒 … 適量
フルール・ド・セル … 適量
柚子皮 … 適量

Chef's comment

米の旨みがふくよかな「宗玄」をぬる燗にし、鶏の旨み、温度に合わせます。燗をつけることで花のような香りも楽しめます。

作り方

1 鶏モモ肉の皮目から金串を打ち、身を通して皮目から出す。（写真 a）
2 鶏肉に酒、塩をふる。
3 身を下にして炭火で焼く。身がふっくらとして焼き目がついてきたら裏に返し、皮目を焼く。（写真 b・c）
4 金串を抜き、そぎ切りにする。
5 器にグリーンサラダ、半分に切ったミニトマト、④を盛る。サラダにおろし醤油ドレッシングをかけ、柚子胡椒、フルール・ド・セルを添え、鶏肉に柚子皮をおろしかける。

POINT
・酒をふるのは鶏肉の臭みを取り、テリを出すため。
・皮目から焼くとボリューム感が出ないため、身から焼く。

a

b

c

青ネギたっぷり 大山鶏パリパリ天ぷら

東京・六本木『ぬる燗 佐藤』

鶏の天ぷらをポン酢で食べる意外性が人気で、『ぬる燗佐藤』ブランドの店で常にオンメニューされる鶏料理。たっぷりの大根おろし、青ねぎを添え、さっぱりと食べてもらう。鶏モモ肉は衣をつける前に醤油で洗うことで臭みが抜ける。

参考メニュー　部位：鶏モモ

材料／1皿分

大山鶏モモ肉
　… 1枚（120 ～ 130g）
醤油 … 適量
薄力粉、天ぷら衣 … 各適量
サラダ油 … 適量
大根おろし、ポン酢醤油、青ねぎ
（小口切り）… 各適量

作り方

1 鶏モモ肉は余分な脂やスジを取り除き、形を整える。（写真 a）
2 ①を醤油で洗い、汁気を取り、薄力粉を薄くまぶし、天ぷら衣をくぐらせる。
3 170 ～ 175°Cのサラダ油に入れ、衣がカラリとするまで揚げ、油を切り、食べやすく切る。（写真 b・c）
4 器に盛り、大根おろしを脇に添えてポン酢醤油をかけ、青ねぎを散らす。ポン酢醤油を別に添える。

a

b

c

Chef's comment

パリパリとした衣の口当たりが酒をすすめます。鶏の臭みを感じさせないよう醤油で洗うことがポイント。

鶏つくね磯辺タレ焼き

東京・六本木『ぬる燗 佐藤』

売価：800 円　原価率：25％　部位：鶏挽き肉

つくねのふんわり感に誰もが驚く、新食感の鶏つくね。タネをそのまま焼くには形を保てないため、海苔で巻いて油で揚げるのがポイント。これを濃いめのタレで炊き上げ、卵黄をまとわせながら食べてもらう。つくねダネが柔らかい分、片栗粉をまぶした玉ねぎのシャキシャキ感で変化を持たせている。

材料／6皿分

●鶏つくねダネ

大山鶏挽き肉 … 500g

A
- 濃口醤油 … 30mℓ
- 酒 … 20mℓ
- おろし生姜 … 15g
- 砂糖 … 15g
- 卵 … 2個
- 長芋（とろろ）… 50g
- さらし玉ねぎ（みじん切り）… 100g
- 片栗粉 … 適量

●つくねダレ

濃口醤油 … 540mℓ
みりん … 900mℓ
ザラメ糖 … 100g

濃口醤油、みりん、ザラメ糖を合わせて火にかけ、4～5割煮詰める。冷蔵保存する。

仕上げ用

鶏つくねダネ … 100g
サラダ油 … 適量
つくねダレ … 適量
焼き海苔 … 1/2枚
煎り白ごま … 適量
青ねぎ（小口切り）… 適量
卵黄 … 1個

仕込み

1. Aの材料を混ぜ合わせておく。
2. 鶏挽き肉にAを加えてよく練り混ぜ、しっとりとしてきたらとろろを加え、さらによく混ぜる。（写真a・b）
3. 水にさらして水気を切った玉ねぎに片栗粉をまぶし、②に加えて混ぜ合わせる。（写真c）

POINT 玉ねぎに片栗粉をまぶすのは、玉ねぎから水分が出るのをとめるため。

仕上げ

1. 注文が入ったら焼き海苔の裏面を上にして広げ、鶏つくねダネをのばし、海苔で巻く。（写真d）
2. 170～175℃に熱したサラダ油に形を崩さないよう丁寧に入れ、揚げ固める。（写真e）
3. 火が通ったら焼き網にのせ、炭火で表面を焼く。途中、つくねダレを2回かけ焼きにして焼き上げる。（写真f）
4. 食べやすく切って器に盛り、青ねぎと卵黄を添え、つくねにつくねダレをかけ、煎り白ごまをふる。

POINT
・つくねダネをごくやわらかく作っているため、一度素揚げにして表面を固める。
・炭火でかけ焼きにすることで油が落ち、タレの香ばしさも加わる。

a

b

c

d

e

f

地鶏とイカシソの焼売
地鶏と椎茸の焼売

東京・三軒茶屋『コマル』

売価：600 円　原価率：29%　部位：鶏挽き肉

冬のおでんに代わる名物を作りたいと、カウンターの中で蒸し上げる工程も見せながら、熱々を提供。鶏挽き肉ベースを2種類、黒豚粗挽き肉ベースを2種類の4種類を用意する。鶏挽き肉ベースの焼売には筍の歯応え、椎茸の旨みを加える。「イカシソ」の焼売にはさらにイカゲソ、大葉を加えて個性的に作る。

材料　仕込み量

●焼売のタネ
鶏挽き肉 … 2kg
玉ねぎ … 1と1/2個
長ねぎ … 1本
筍（茹でたもの）… 300g
生椎茸 … 8枚
A　鶏ガラスープの素 … 15g
　醤油 … 10g
　塩 … 5g
　ごま油 … 8g
　おろし生姜 … 30g

スミイカゲソ（みじん切り）
… 400g
大葉（せん切り）… 20枚
ハンペン … 1枚

焼売の皮 … 適量

仕上げ用
ごま油 … 適量
＊焼売のタレ … 適量
ラディッシュ（薄切り）、わさび
… 各適量
紫芽、青ねぎ（小口切り）… 各適量

＊焼売のタレ
玉ねぎのすりおろし、酒、みりん、醤油、ポン酢醤油、酢、柚子胡椒を混ぜ合わせる。

仕込み

1　焼売のタネを作る。玉ねぎ、長ねぎ、筍、生椎茸はみじん切りにする。
2　鶏挽き肉に①とAを加えて混ぜ合わせ、よく練る。「地鶏と椎茸の焼売」はこれをタネにする。（写真a・b）
3　「地鶏とイカシソの焼売」のタネを作る。②にみじん切りにしたイカゲソ、大葉を加えてよく混ぜ合わせる。さらにハンペンをくずしながら加えてよく練り混ぜる。（写真c・d）
4　②のタネと③のタネをそれぞれ1個50gずつ取り、焼売の皮で包む。（写真e・f）

POINT　イカゲソは刺身用に仕入れるスミイカなどのゲソを使用。タネにハンペンを加えることでタネとゲソのつなぎになり、まとまりがよくなる。

仕上げ

1　注文が入ったら、皿にごま油をひいて焼売を並べ、蒸気の上がった蒸し器で7～8分蒸す。
2　焼売に火が通ったら取り出し、焼売のタレをかける。「地鶏と椎茸の焼売」の上には紫芽と青ねぎをのせ、「地鶏とイカシソの焼売」の上にはラディッシュ、わさびをのせる。

Chef's comment
肉汁を逃がさないよう皿ごと蒸すのがポイント。タレには玉ねぎのすりおろしを加え、肉汁と合わさってなおおいしく。

a

b

c

d

e

f

CHICKEN

鶏モモと椎茸、鰯のパイ包み

埼玉・ふじみ野『Pizzeria 26』

売価：1800円　原価率：34%　部位：鶏モモ

鶏とイワシと、やや違和感のある取り合わせも間にどちらとも相性のよい椎茸を挟むことで、一体感のあるパイに仕上がった。もともとサンマでやっていた料理。イワシはやや味が強いが、その分存在感がある。コクのあるミモレットソース、酸味を利かせたヴェルモットソース、さらには両者を合わせて新しい味を作ったりと、皿の上での楽しみも広がる。

材料

●フィリング　3個分

A
- 鶏モモ肉（挽き肉）… 200g
- 卵白 … 30g
- 生クリーム … 40g
- 塩 … 2g
- 白胡椒 … 適量

椎茸 … 1枚
ブロード、バター…各適量
イワシフィレ … 1/2 枚

＊パイ生地（フィユタージュ・ラピッド）… 適量

●ミモレットソース
＊鶏と豚のブロード … 適量
ミモレット … 適量
生クリーム … 適量

●ヴェルモットソース
＊鶏と豚のブロード … 適量
ヴェルモット酒 … 適量
白ワインビネガー … 適量
ケッパー … 適量
ディル … 適量
塩…適量

ミモレット … 適量
ディル … 適量

＊鶏と豚のブロード
水 … 10ℓ
鶏ガラ … 4kg
豚足 … 1.5kg
昆布 … 1/2 本
野菜の切れ端など … 適量

①材料をすべて鍋に合わせて8時間煮込む。
②一度漉して一番だしを取る。残った鶏ガラに1～1.5ℓの水を加え、20分ほど煮込み、二番だしを取る。
③一番だしと二番だしを合わせてブロードとして使う。
＊だしを取った後の豚足はほぐして他の料理に使うこともする。

Chef's comment

合わせたワインはフランス・ブルゴーニュのシャルドネから造られるラ・ヴィーニュ・デュ・クロー。グレープフルーツやレモン、ほんのりパイナップルのような果実味とミネラルが利いた旨みがあり、パイ生地やハーブの香るソースに合う。

＊パイ生地
（フィユタージュ・ラピッド）
（仕込み量：仕上がり 1200g）

A
- 薄力粉 … 250g
- 強力粉 … 250g
- 塩 … 10g

冷水 … 250g
無塩バター（5mm角に切る）… 450g

①すべての材料は冷やしておく。
②Aをよく混ぜ合わせ、冷水を加えて粉に水分をなじませながらカードで混ぜ合わせる。
③全体になじんだらバターを加え、カードで切り込む。
④生地がまとまってきたら打ち粉をして麺棒で四角くのばし、3つ折りにする。ラップで包んで冷蔵庫で1時間休ませる。
⑤④を麺棒でのばし、4つ折りにし、再度冷蔵庫で1時間休ませる。
⑥⑤を麺棒でのばし、3つ折りを2～3回繰り返して完成。

鶏モモと椎茸、鰯のパイ包み

仕込み

1　フィリングを作る。A の材料をすべて合わせてよく練り混ぜる。
2　椎茸は軸を切り取り、ブロードとバターで 20 分煮る。
3　イワシは三枚におろし、骨を抜く。
4　パイ生地を薄くのばし、パイ 1 個につき、大と小の丸形に整形する。
5　小さい生地をオーブンシートにせ、中心に①のフィリングをのばし、椎茸、フィリング、イワシの順に重ねる。（写真 a・b）
6　パイ生地の周囲に水をつけ、大きい生地で覆い、上側の生地をのばしながらフィリングを包み、端をぴっちりと押さえる。周囲を型で抜いて飾り、表面に模様をつける。（写真 c ～ e）

POINT　パイ包みは冷凍保存も可能。

仕上げ

1　パイの表面にドリュールを塗り、220°Cに温めたオーブンに入れ、約 20 分焼いて取り出し、5 分休ませて余熱で火を通す。（写真 f・g）
2　ミモレットソースを作る。鶏と豚のブロードを温め、ほんの少しの生クリームを加え、ミモレットを溶かす。（写真 h）
3　ヴェルモットソースを作る。ヴェルモット酒を鍋に入れ、煮切ってアルコールを飛ばし、白ワインビネガー、ケッパーを順に加えて少し煮つめ、鶏と豚のブロードを加える。最後にディルを加えて煮つめ、塩で味を調える。（写真 i・j）
4　器にミモレットソースを敷き、焼きあがったパイ包みを半分に切って盛り、ヴェルモットソースを添え、ミモレットを削りかけ、ディルを飾る。

POINT　冷凍保存したパイを焼く場合は、常温で 15 分解凍してから焼く。

a

b

c

d

e
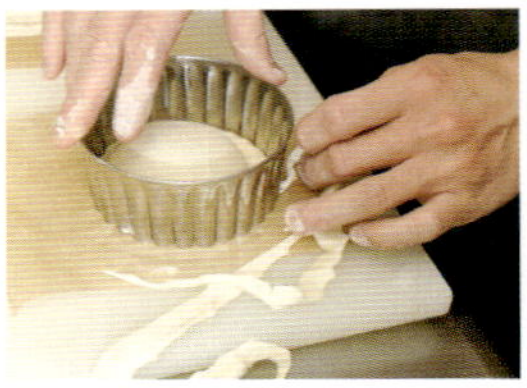
f

g

h

i

j

鮮度抜群の鶏レバーで作る串の看板メニュー。継ぎ足しながら作るタレの味はもちろんそのままでもおいしいが、レバーと相性のよいニラを薬味にすることで、気の利いたつまみの一品として人気に。ニラに火を通しすぎないように作るニラ醤油の香り、風味がいいアクセントになっている。

純レバーのニラレバ串

東京・三軒茶屋『コマル』

材料／1皿分

鶏レバー … 1本 85g
牛乳 … 適量
塩 … 適量
＊焼きとりのタレ … 適量
粒山椒 … 適量
●ニラ醤油（仕込み量）
ニラ … 適量
酒 … 100g
みりん … 100g
醤油 … 100g
ザラメ＋上白糖 … 50g
生姜（スライス）… 2枚

＊焼きとりのタレ
酒、みりん、醤油に肉のだし（豚肉、鶏肉など）、椎茸のだし、生姜、山椒を加えて詰め、水溶き片栗粉でとろみをつけたもの。これを継ぎ足しながら使っていく。

売価：2本 500円　原価率：20%　部位：鶏レバー

Chef's comment
柑橘の香りを持つ芋焼酎「フラミンゴオレンジ」のソーダ割りは女性にも人気。レバーのクセもさっぱりとさせます。

作り方

1 鶏レバーはレバーとハツに切り分け、余分な脂とスジを取り除き、牛乳に2時間ほどつける。（写真 a）
2 竹串にレバー3切れ、ハツ1切れを順に刺す。（写真 b）
3 ニラ醤油を作る。ニラは4～5cm長さに切り、バットに並べる。
4 酒とみりんをしっかりと煮切ってから、醤油、砂糖を加えて沸かす。
5 沸いたら③のバットにかけ、フタをして蒸らす。（写真 c）

POINT ハツを最後に串に通すのは、レバーより身がしっかりしているハツで留め、焼き落ちを防ぐため。レバーとハツの違いもわかりやすい。

a

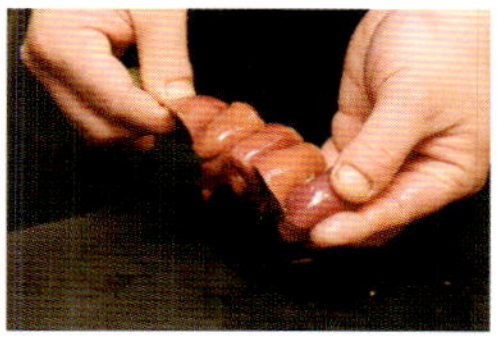
b

c

d

仕上げ

1 串に刺したレバーに塩をふり、炭火でさっと表面を炙ってから、焼きとりのタレをハケで2、3度ぬって焼き上げる。（写真 d）
2 器に盛り、山椒をミルで挽きながらふり、ニラ醤油をのせる。

鶏レバームース

東京・池尻大橋『wine《ワイン》 bistro《ビストロ》 apti.《アプティ》』

売価：500円　原価率：17.6%　部位：鶏レバー

なめらかな舌触りのレバームースはワインのつまみに同店でも人気の一品。レバーのクセがなく、クリーミーなアプティのレバームースはレバーをポワレするひと手間とたっぷりのバター使いから生まれる。表面を香ばしくポワレすることでレバーのクセが和らぎ、バターでコクが加わり、ルビーポルトとコニャックで風味がよくなる。

材料／長さ 19.5cm ×幅 9cm ×高さ 6cm のテリーヌ型 1 台分

鶏白レバー（掃除済み）… 325g
無塩バター … 200g
牛乳 … 60g
サラダ油 … 適量
卵 … 1個
A　硝石 … 2g
　粉白胡椒 … 1.5g
　ナツメグ（削る）… 0.3g
　塩 … 7g
B　ルビーポルト … 60g
　コニャック … 10g

仕上げ用

鶏レバームース … 1cm厚さ×2カット
白胡椒、クルミオイル … 各適量
カカオパウダー … 適量
メルバトースト … 適量

仕込み

1 無塩バターと牛乳をボウルに入れ、湯煎でバターを溶かす。温度が上がりすぎないよう湯煎は火を止めた状態でする。
2 熱したフライパンにサラダ油をひき、鶏白レバーを強火でポワレする。
3 ②を裏に返し、Bの半量を加えて火を止める。（写真a）
4 ブレンダーに鶏白レバーを移し、フライパンに残りのBを加えてデグラセし、ブレンダーに入れる。Aと卵、①も加えて2分間回してなめらかにする。（写真b・c）
5 パソワールで漉す。（写真d）
6 クッキングシートを貼りつけたテリーヌ型に流して、軽く空気を抜く。（写真e）
7 コンビ（100℃スチーム50％）にしたスチームコンベクションで30分火を入れ、プリンのように火が入ったら常温で10分間休ませる。
8 氷水をあてて急冷させ、型からはずして冷蔵保存する。（写真f）

POINT
・硝石を加えることでレバーの色がくすまず、きれいに仕上げる。
・⑤の漉す工程は必須。溶け切らない塩、胡椒やレバーに残っている血管も漉すことで取り除ける。
・仕込んだ次の日から使える。冷蔵で10日ほど保存可能。冷凍してから真空包装することもできる。

仕上げ

熱した庖丁で1cm厚さに切り、器に盛り、白胡椒、クルミオイルをかけ、カカオパウダーを散らし、メルバトーストを添える。

a

b

c

d

e

f

ホワイトレバーのオープンサンド

東京・三軒茶屋『Bistro Rigole』

売価：900円　原価率：20%　部位：鶏レバー

甘くクリーミーなレバームースをフレッシュなフルーツと組み合わせてオープンサンドに。自家製のライ麦パンを土台にし、ムースにもフルーツにも合うカカオパウダーをたっぷりかけ、食感のアクセントにカカオ風味のパン粉を。シャンパーニュなど泡系のワインとの相性も抜群。イチジクなどフルーツは旬のものを使う。

材料　仕込み量

鶏白レバー（離水したもの）
…220g
卵 … 1個
ポルト酒 … 25mℓ
ブランデー … 10mℓ
レーズン … 30g
生クリーム … 100g
塩 … 4g
白胡椒 … 1g

仕上げ用
レバームース … 適量
自家製ライ麦パン … 1カット
イチゴ … 2個
カカオパウダー … 適量
マイクロリーフ … 適量
＊カカオパン粉 … 適量

＊カカオパン粉
パン粉を天板に広げ、オリーブオイルをまぶしてからカカオパウダーをまぶし、150℃のコンベクションオーブンで蒸気を抜きながら15分ほど低温ローストする。

仕込み

［レバームース］
1 レバーは牛乳に1時間つけて血抜きし、キッチンペーパーの上にのせ、離水する。
2 ①をブレンダーで回し、卵、ポルト酒、ブランデーを加えてさらに回し、ザルで漉し、スジや血管を取り除く。（写真 a・b）
3 レーズンをブレンダーで粉砕する。
4 ②のレバーにレーズンを混ぜ合わせ、塩、白胡椒、生クリームを加えて混ぜ合わせる。（写真 c）
5 ④を鉄のココット鍋に流し入れ、軽く空気を抜き、フタをして湯煎にかけながら90°C設定のコンベクションオーブンで25分火を入れる。ゆるゆるとした状態で取り出し、余熱で10分おく。（写真 d ～ f）
6 保存容器に移し替え、冷蔵庫で一晩おく。

POINT
・レバーは素材の味をくっきり出すため、きっちり離水する。
・レーズンの甘さがポイントで、レバーの臭みを中和し、まろやかさを出す。

仕上げ

レバームースを絞り出し袋に入れ、ライ麦パンの上に絞り、半分に切ったイチゴをのせ、カカオパウダーをふりかけ、マイクロリーフを飾り、カカオパン粉を散らす。（写真 g）

a

b

c

d

e

f

g
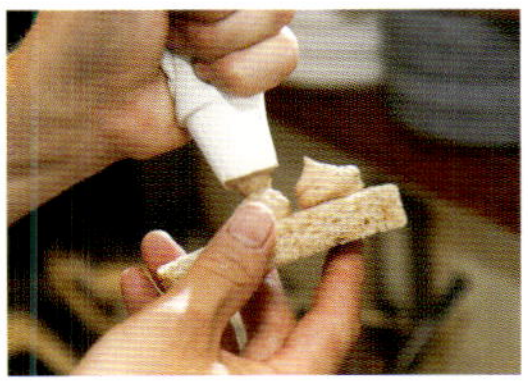

大人のレバーパテ

東京・茅場町『L'ottocento』

売価：680円　原価率：30%　部位：鶏レバー

"大人の" と銘打つ通り、凝縮されたレバーの味わいをマルサラ酒のジュレと一緒に味わうレバーパテ。ねっとりとした舌触りと濃厚さで少量でも満足度が高く、ワインはもちろん、度数の高い酒のつまみにも合う。もともとレバーの風味付けに使うアルコールを外に出すことで、レバーとジュレの口溶けを楽しんでもらう。

材料／50食分

●レバーパテ
鶏レバー … 200g
ニンニクアッシェ … 10g
生ハムミンチ … 100g
アンチョビペースト … 10g
玉ねぎソフリット … 50g
レモン汁 … 15mℓ
赤ワインビネガー … 15mℓ
オリーブオイル … 総量の10%

●マルサラジュレ
マルサラドルチェ … 適量
ゼラチン … 4%

仕上げ用
レバーパテ … 55g
ミニョネット … 適量
マルサラジュレ … 15g
ヴェッキオサンペリ … 1mℓ
自家製ごまパンバゲットのメルバトースト … 適量

Chef's comment

香ばしくソテーしたレバーに、生ハムでコクを、レモン汁とビネガーでキレをプラスします。

仕込み

[レバーパテ]

1 鶏レバーは血管やスジを取り除き、流水で洗い、水気を取る。(写真a)
2 鍋にニンニクアッシェを入れて火にかけ、香りが立ってきたら生ハムミンチを加えて炒める。ポロポロになったらいったん取り出す。(写真b)
3 ②の鍋にレバーを入れ、しっかりと焼き色がつくまでソテーする。(写真c)
4 生ハムを戻し入れて炒め合わせ、アンチョビペースト、玉ねぎソフリットを加えて全体になじませる。(写真d)
5 冷めてからロボクープに入れ、レモン汁と赤ワインビネガーを加えて回し、ペースト状にする。通常は、レバー2kg(40〜50食分)で作り、この状態で保存しておく。(写真e)
6 その日使う分とオリーブオイルをロボクープで回し、なめらかにする。

POINT レバーは焼き付けることで水分を飛ばし、味を凝縮させる。

[マルサラジュレ]

マルサラドルチェを沸かし、水で戻した4%のゼラチンを加えて溶かし、容器に移し、冷やし固めてジュレにする。

仕上げ

器にレバーパテを盛り、くずしたマルサラジュレをのせ、ミニョネットを散らし、ほんの少しのヴェッキオサンペリで風味をつける。自家製ごまパンバゲットのメルバトーストを添える。(写真f)

POINT ヴェッキオサンペリは、マルサラ酒の原型ともいわれる製法で造られるシチリアのワイン。濃密な旨みがある。

a

b

c

d

e

f

CHICKEN

鶏だし五目茶碗蒸し

東京・渋谷『酒井商会』

同店で人気の唐揚げの仕込みで出る骨をためて置き、まとまったところで煮出してとる鶏だしが主役。するすると喉ごしの茶碗蒸しをよりなめらかにする銀あんに使い、あっさりとした茶碗蒸しに控えめにコクを加える。この打ち出しすぎない控えめさがまた酒井商会の魅力で、ファンを掴む要因になっている。

a

b

c

d

売価：600円　原価率：35%
部位：鶏ガラ

材料／1皿分

卵…1個
カツオだし … 150g
淡口醤油、塩 … 各適量

●茶碗蒸しの具（1食分）

鶏肉 … 10g
ブラックタイガー（殻をむき、背ワタを取る）… 1尾
生椎茸（スライス）… 1/4枚
うすい豆 … 2個

●銀あん

鶏だし … 適量
大根おろし、蕪おろし … 各適量
淡口醤油、塩 … 各適量

おろしワサビ … 適量

Chef's comment

茶碗蒸しの地にも鶏だしを使うとくどくなるので、鶏だしは銀あんのみにしてバランスを取ります。

仕込み

1 鶏だしを取る。144ページの「みつせ鶏唐揚げ」で出る大量の骨に水を入れ、青ねぎ、生姜を加え、3時間ほど煮出し、十分煮詰まったらザルで漉す。（写真a・b）
2 冷ましてから保存袋に入れ、冷凍しておく。

仕上げ

1 茶碗蒸しの具を用意して器に入れ、漉した茶碗蒸しの地を流し入れ、蒸し器で10分蒸す。
2 鶏だしを火にかけ、大根おろし、蕪おろしを加えてとろみをつけ、ほんの少しの淡口醤油、塩で味を調え、①に張り、すりおろしたワサビをのせる。（写真c・d）

OTHERS

フォアグラのエスプーマと豚のリエットのカップ

大阪・本町『gastroteka bimendi』

売価：400円　原価率：38%　部位：鴨フォアグラ

スイーツかと見紛うほどの可愛い姿で供するピンチョス。味わいも、リエットの脂の甘さ、フォアグラの甘さ、ワッフルコーンの甘さと、複雑に重なり合った甘さを、マンゴーのフレッシュな酸味が引き締め、すっきりとしたスパークリングワインや辛口のシードルに合う一品に。クリームのように絞り出したフォアグラとマンゴーの相性も絶妙。

材料　仕込み量

●豚のリエット
豚肩ロース肉（角切り）… 適量
豚脂（角切り）… 肉の重量に対して30%
黒胡椒（粗く挽いたもの）… 適量
ジェニパーベリー（刻んだもの）… 適量
ローリエ … 適量
水 … 適量

●フォアグラのエスプーマ
フォアグラ … 300g
塩 … 適量
生クリーム … 200g
鶏のブイヨン … 300g

●ワッフルコーン
卵白 … 45g
グラニュー糖 … 30g
溶かしバター … 30g
強力粉 … 25g
薄力粉 … 25g

仕上げ用
ワッフルコーン … 1個
豚のリエット … 適量
フォアグラのエスプーマ … 各適量
マンゴー（角切り）… 適量
オリーブオイル、塩 … 各適量
＊赤ワインビネガーのソース … 各適量
アーモンドスライス（ロースト）… 適量

＊赤ワインビネガーのソース
赤ワインビネガーに砂糖を加えて火にかけ、とろりとするまで煮つめる。

仕込み

［豚のリエット］
1 鍋に豚肩ロース肉と豚脂、黒胡椒、ジェニパーベリー、ローリエを入れ、かぶるくらいの水を入れ、2時間ほど炊く。
2 フードプロセッサーに①を入れて粗めに回し、ボウルに移し、底を氷水にあてて冷ます。（写真a）

［フォアグラのエスプーマ］
1 フォアグラはスライスして塩をふり、鉄板で両面をソテーする。出てきた脂を捨てて、フードプロセッサーに入れて生クリーム、鶏のブイヨンを加えて回す。
2 エスプーマに充填する。

［ワッフルコーン］
1 卵白にグラニュー糖を入れて混ぜ合わせ、溶かしバターを加えてぐるぐると混ぜ合わせ、さらに粉を加えて混ぜ合わせる。
2 シルパット（オーブン用シート）の上にスプーンで丸くのばし、シルパットを重ねて挟み、180℃のオーブンで3分焼く。
3 さらにカップ型にのせ、もう一つのカップ型を重ねて形を作り、180℃のオーブンで6分焼く。

POINT 生地は二段階で焼き、ある程度焼いて生地が固まったら、熱いうちにカップの形を作る。

仕上げ

1 マンゴーを角切りにし、オリーブオイルと塩で味をつける。（写真b）
2 ワッフルコーンにスプーン1杯分の豚のリエットをのせ、フォアグラのエスプーマを絞り、①のマンゴーを上にのせる。赤ワインビネガーのソースを回しかけ、アーモンドスライスを飾る。（写真c・d）

POINT マンゴーの熟れ具合によっても仕上がりの味に影響する。甘さは加えず、塩を軽くすることで、マンゴーの甘さや酸味を引き出す。

a

b

c

d

鴨の肉まん

東京・三軒茶屋『Bistro Rigole』

鴨のコンフィを具にして"肉まん"に。シェフの亀谷氏は伝統的なフランス料理をきっちりと手をかけて作るが、そのままで出すことはほとんどしない。どこかしら遊びの要素を加えて"新しい"形で提供する。肉まんは皮に鴨との相性がいいカカオパウダーを加えて風味付けし、コンフィにはスパイスたっぷりの中華テイストも加える。

売価：2個1500円　原価率：25%　部位：鴨モモ

材料／5個分

●餡
鴨モモ肉コンフィ … 1本分
鴨コンフィ脂 … 50g
ニンニク（みじん切り） … 5g
ウイキョウ（スライス） … 100g
玉ねぎ（スライス）… 100g
長ねぎ（スライス）… 100g
金柑（セミドライ・粗く刻む） … 50g
くるみ（粗く刻む）… 50g
シナモン … 3g
クオーターエピス … 3g
塩、黒胡椒 … 各適量

●皮
A
- 薄力粉 … 130g
- ベーキングパウダー … 2g
- ドライイースト … 2g
- カカオパウダー … 10g
- 塩 … 2g
- グラニュー糖 … 4g

水 … 75g
EXVオリーブオイル … 2g

紫ケール … 1枚
粒マスタード … 適量

仕込み

［餡］

1　鴨モモ肉のコンフィは肉と皮に分ける。肉は粗くほぐし、皮は細切りにする。
2　フライパンに鴨のコンフィ脂を取り、ニンニクを入れて火にかけ、鴨の皮から炒める。皮の部分は食べづらいため、先にカリカリに焼いておく。（写真 a）
3　②にウイキョウ、玉ねぎ、ねぎを加えて炒め合わせ、フタをして蒸し煮にする。
4　しんなりしてきたらシナモン、クオーターエピスを加えて炒め混ぜ、鴨コンフィの身を入れる。コンフィの底に残っているジュも加え、金柑の皮、くるみを入れ、塩で味を調え、木べらで全体をつぶすように炒め混ぜる。（写真 b・c）
5　④を1個分 40g ずつラップで包み、冷蔵保存しておく。（写真 d・e）

POINT　・金柑はセミドライにしたものを使用。4つにカットして種を取り、軽く塩をして温かい場所において3日ほど干す。時季のものを仕込み、冷凍保存して使う。
・鴨コンフィは春巻きの具にも使用。

［皮］

1　ロボクープに A の粉を入れ、かき混ぜる。（写真 f）
2　①に水とオリーブオイルを加えて回し、生地を作る。
3　一つにまとまってきたら台に取り、打ち粉をしながらこねる。表面がなめらかになってきたら、つなぎ目を下にして丸める。（写真 g・h）
4　油をぬったバットにのせ、乾燥しないようラップをかけて寝かせる。
5　寝かせておいた生地を台に取り、棒状にのばして5等分する。それぞれくるくると回して丸く形を整えてから、つなぎ目を下にして麺棒で薄くのばす。（写真 i ～ k）
6　生地の上に餡をのせて中心を軽くつぶし、生地をつまんで包み、ねじりながらとめる。（写真 l・m）
7　⑥を1個ずつオーブンシートの上にのせ、バットに並べて乾燥しないようラップをかけて冷蔵保存する。

POINT　粉が完全に混ざってないと皮がマーブル状になってしまうため、最初に完全に混ぜ合わせる。

仕上げ

1　注文が入ったら蒸気の上がった蒸し器に入れ、水滴が落ちないよう布巾をかませてフタをし、弱火で 15 分ほど蒸す。（写真 n）
2　蒸し上がったら紫ケールを敷いた器にのせ、粒マスタードを添える。

POINT　皮は薄いほうがおいしいので、なるべく薄くのばす。

a

b

c

d

e

f

g
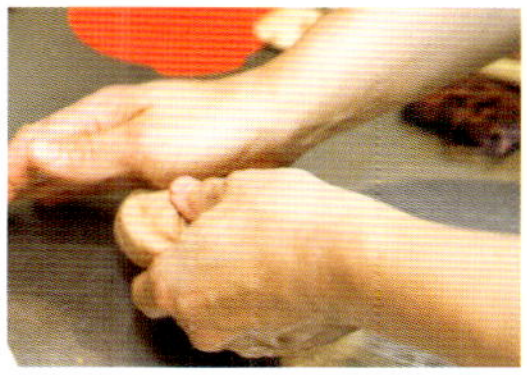
h

i
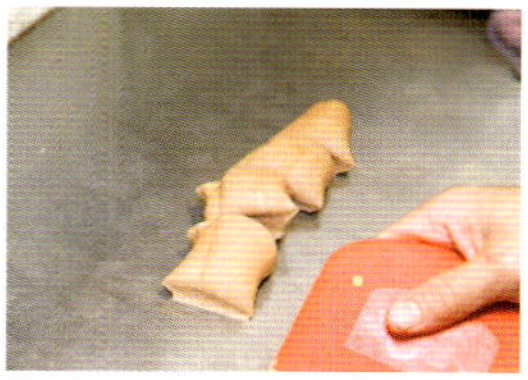
j
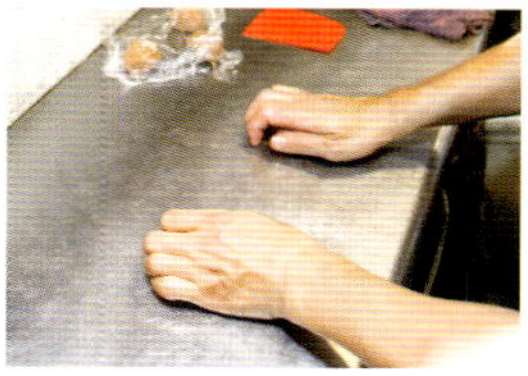
k

l

m

n

鴨のコンフィと自家製ソーセージのカッスーレ

東京・池尻大橋『wine《ワイン》 bistro《ビストロ》 apti.《アプティ》』

売価：2500円　原価率：27.7%　部位：鴨モモ

ワイワイと取り分けて食べてほしいとアプティのカスレのフルサイズはゆうに2～3人分。ワインビストロの老舗らしく、骨太で力強い料理を提供したいと現シェフの登坂氏の思いがこもった伝統の一品だ。カスレ、鴨のコンフィ、自家製ソーセージとそれぞれのパーツは時間をかけた仕込みの賜物。ハーフサイズ（1890円）も用意する。

カスレ

材料／約８皿分

仕込み用
豚肩ロース肉 … 600g
白インゲン豆 … 500g
豚スネ肉（正肉）… 500g
豚足 … １本
豚の煮汁※ … 適量 → 112 ページ参照
玉ねぎ … １と 1/2 個
ニンニク … ３片
カゴメオニオンスライスソテー（30%）… 100g
トマトペースト … 35g
フォンブラン … 350g
水 … 500g
コンフィ脂 … スプーン１杯分
塩、黒胡椒 … 各適量

仕込み

1 白インゲン豆は水洗いし、水に浸して戻す。豚足は流水にさらして血を抜き、残っている毛を処理する。
2 ①の豚足と豚スネ肉を鍋に入れ、豚の煮汁を加えて弱火で３時間ほど煮る。
3 ニンニクは皮をむき、玉ねぎはみじん切りにして、ポットに入れておく。豚肩ロース肉は２、３枚に切り分け、塩と黒胡椒をしてマリネしておく。
4 煮上がった豚足は丁寧に骨を取り除き、粗みじんに切る。豚スネ肉はひと口大に切る。煮汁650g を取り、豚足、豚スネ肉と合わせてひとまとめにしておく。
5 熱した鍋にスプーン１杯分のコンフィ脂を入れ、豚肩ロース肉の両面を焼く。
6 白インゲン豆をザルにあけて別の鍋に入れ、ひたひたの水と３つまみの塩を加えて茹でる。
7 豚肩ロース肉が焼けたらバットに移す。肉を引き上げた鍋で玉ねぎとニンニクをスエし、カゴメオニオンスライスソテーとトマトペーストを加えてさらにスエする。
8 白インゲン豆が沸いたら、ザルにあけ、流水ですすぐ。再度鍋に入れ、ひたひたの水と３つまみの塩を加えて茹でる。沸いたら弱火にし、指で簡単につぶれる柔らかさまで茹で（約 30 分）、ザルにあける。（写真 a）
9 ⑦に④の豚足、豚スネ肉、煮汁、水、フォンブランを加えて沸かし、⑦の豚肩ロース肉を戻し入れ、弱火でフタをして１～２時間煮る。
10 豚肩ロースに金串がスッと通ったら、バットに移す。（写真 b）
11 カスレの煮汁の味をみて、塩、黒胡椒で味を調え、煮汁が減りすぎていたら水を足す。
12 ⑪の煮汁に白インゲン豆を加えて 15 分ほど煮て、煮汁と豆、肉に分ける。（写真 c ～ e）

POINT
・仕込みは２日に分けて行う。工程の④までを初日に行い、⑤からは２日目にする。
・煮上がったカスレは１食分ずつ小分けしておく。⑩の豚肩ロース 40 ～ 50g と⑫の白インゲン豆 220g、煮汁 150g を袋に詰め、完全に冷めてから真空包装する。冷凍保存可能。
・フォンブランは鶏ガラとミルポワを４時間煮出して漉したもの。

a

b

c

d

e

鴨モモ肉のコンフィ

材料　仕込み量

骨付き鴨モモ肉 … 10 本
塩 … 肉１kgに対して 15g（重量の 1.5%）
黒ミニョネット … 肉１kgに対して２g（重量の 0.2%）
タイム、ローリエ … 各適量
コンフィ脂 … 適量

作り方

1 鴨モモ肉の重量を計り、塩と黒ミニョネットを計量する。
2 大きいボウルに鴨モモ肉を入れ、塩、黒ミニョネット、タイム、ローリエを入れてよくまぶし、袋に入れて空気を抜くように口を縛り、１日漬ける。
3 水で軽くすすいで水気を取り、85 ～ 90°Cのコンフィ脂の中で５～７時間火を入れる。金串がスッと通ったら、網を重ねたバットに開けて常温で粗熱を取る。
4 冷蔵庫で完全に冷やしてから、１本ずつ真空包装する。冷凍保存可能。

豚肉のソーセージ

材料／約 10 本分

仕込み用

豚背脂挽き … 200g
豚粗挽き肉（5 mm）… 400g
豚超粗挽き肉（8 mm）… 400g

A
- 塩 … 12g
- 粉白胡椒 … 4 g
- キャトルエピス … 2 g
- 硝石 … 1 g
- ニンニクオイル … コーヒースプーン 1 杯

卵白 … 24g
結着剤 … 1 g

豚腸 … 適量

作り方

1 ボウルに豚背脂挽きと豚粗挽き肉、A を入れて練る。
2 約 1/3 量をクイジナートに移し、適量の氷と卵白、結着剤を加えて回し、乳化させる。
3 ボウルに戻し、豚超粗挽き肉を加え、混ぜ合わせるように練る。時間がある場合は真空包装し、冷蔵で 1 日寝かせてなじませる。
4 豚腸を水で戻し、③を 100~110g ずつ詰める。間の豚腸部分でねじり、1 本ずつタコ糸で縛る。
5 冷蔵庫で 2 ～ 4 日干す。
6 1 本ずつ切り分け、タコ糸をはずして冷凍保存する。

POINT 肉の食感を活かすため、2 種類の挽き肉を用意する。8mm 挽きの超粗挽きを加えることで肉々しいソーセージに仕上がる。

カスレの仕上げ

材料

カスレ … 1 皿分
鴨モモ肉のコンフィ … 1 本
豚肉のソーセージ … 1 本
粒黒胡椒 … 適量
＊パセリパン粉 … 適量
マスタード … 適量

＊パセリパン粉

パン粉とパセリ、ニンニク、タイム、オリーブオイルを合わせてミキサーで回しておく。エスカルゴバターの上にのせて焼いたり、パン粉焼きに使ったりと応用が利き、常備している。

仕上げ

1 真空包装したカスレを湯煎で約 10 分加熱して温める。（写真 f ）
2 鴨モモ肉のコンフィは骨の周りに庖丁を入れ、熱したフライパンで皮目を焼き、200°Cのオーブンで 5 分加熱する。豚肉のソーセージはお湯で 3 分茹でる。（写真 g・h）
3 器（カスエラ）にソーセージをのせてカスレを袋から出して盛り、200°Cのオーブンで 10 分焼く。さらにオーブンから出した鴨モモ肉のコンフィをのせ、パセリパン粉をふりかけ、5 分焼く。仕上げに黒胡椒を挽き、マスタードを添えて提供する。（写真 i ～ k）

f

g

h

i

j

k

鴨のロースト　じゃが芋　オレンジ

大阪・本町『gastroteka bimendi』

鴨と相性のよいオレンジ、じゃが芋をパンタパスにまとめた。鴨は皮面を食べやすくするため、丁寧に隠し庖丁を入れ、低温でじっくり焼き、身をふっくらと仕上げる。オレンジのチャツネは果肉のみにし、スパイスとビネガーで爽快な味に仕上げ、鴨肉の旨みを引き立てる。

Chef's comment

手で持って食べるピンチョスは一体感が大事。パンと鴨をつなぐのがじゃが芋です。食感を残しつつも粗くつぶしてバゲットにも鴨にもなじみやすくします。

売価：800円　原価率：35%　部位：鴨ムネ

材料／1皿分

鴨ムネ肉 … 40g
じゃが芋 … 10g
鶏のブイヨン、塩 … 各適量
●オレンジのチャツネ（作りやすい分量）
オレンジ果肉 … 80g
砂糖 … 20g
白ワインビネガー … 20g
スターアニスパウダー … 適量
コリアンダーパウダー … 適量
ブラックペッパー … 適量

バゲット（スライス）… 1カット
オリーブオイル … 適量
塩、黒胡椒 … 各適量
イタリアンパセリ（マイクロリーフ）… 適量

仕込み

［鴨のロースト］
鴨ムネ肉は皮目に格子状に隠し庖丁を入れ、鉄板で両面を香ばしく焼き、温かいところにおいて余熱で火を通す。（写真a）

POINT 提供時に再度焼き上げるため、仕込みの段階での火入れは8割程度。

［オレンジのチャツネ］
チャツネの材料を合わせて火にかけ、オレンジの果肉が煮くずれるまで煮つめる。

仕上げ

1. 焼き置きした鴨ムネ肉の両面を鉄板で焼き、皮をパリッとさせ、薄くスライスする。
2. バゲットを焼く。
3. ブイヨンと塩で炊いたじゃが芋をボウルに取り、オリーブオイル、塩、黒胡椒で味を調え、スプーンでつぶすように混ぜ合わせる。（写真b）
4. バゲットにじゃが芋をのせて鴨を重ね、オレンジチャツネをのせ、マイクロリーフを飾る。

a

b

鹿ラグー極太麺

東京・茅場町『L'ottocento』

売価：1800円　原価率：32％　部位：鹿スネ

名だたるラーメン店が評価する『浅草開化楼』でパスタを、というエグゼクティブシェフの樋口敬洋氏の思いから開発がスタートした「低加水パスタ」。現在、同店では麺は2種類を使用。鹿肉のラグーには太麺の“ロマーナ”を使い、濃厚な鹿肉のソースで煮込みながら、じっくりパスタに味を入れていく。独特なモチモチの食感がやみつきになる。

材料　仕込み量

●鹿ブロード
鹿の骨 … 500g
人参 … 110g
玉ねぎ … 110g
セロリ … 110g

●鹿ラグー
鹿スネ挽き肉 … 1kg
塩 … 肉の重量の1%
ニンニク … 6片
ブレンドオイル … 100g
ローズマリー … 2枝
牛脂 … 100g
鹿脂 … 150g
強力粉 … 10g
ポルチーニパウダー … 10g
トマトペースト … 50g
赤ワイン … 500g
玉ねぎ、人参、セロリのソフリット … 200g
ローリエ … 2枚
ミニョネット … 8g
ジェニパーベリー（軽くつぶしたもの）… 24g
鹿ブロード … 適量
塩 … 8g

仕上げ用
鹿ラグー … 100g
トマトソース … 15g
パスタ（ロマーナ）… 120g
グラナパダーノ … 適量

仕込み

［鹿ブロード］
1 鹿の骨に水を加えて火にかけ、沸いたら人参、玉ねぎ、セロリを入れ、味が出るまで煮込む。漉してブロードにする。

［鹿ラグー］
1 鹿スネ肉の挽き肉に塩をなじませ、冷蔵庫で一晩おく。
2 鍋にニンニク、ブレンドオイルを入れて火にかけ、オイルにニンニクの香りが移ったらローズマリーを加えて炒める。
3 ローズマリーの香りを充分に出してから①の鹿肉を入れ、しっかり焼き色がつくまでソテーする。
4 ③に牛脂、鹿脂を加えてなじませ、強力粉をふり入れて混ぜ合わせる。粉に火が入ったらポルチーニパウダーを入れてなじませ、トマトペーストを加えて炒め混ぜる。
5 全体になじんだら赤ワインを注ぎ、鍋のへりにこびりついた焦げを落とし、ソフリット、ローリエ、ミニョネット、ジェニパーベリーを順に加え、鹿ブロードを注いで2時間半ほど煮込む。
6 全体の重量が1.8kg程度まで煮つまったら、塩を加えて味を調える。冷ましてから保存容器に入れ、冷蔵保存する。（写真a）

仕上げ

1 パスタはたっぷりの湯で5分茹でる。
2 鍋に鹿ラグー、トマトソースを入れて火にかけ、茹でたパスタを加えて5分ほど煮込み、味を入れる。途中、水分が足りなくなったら水を足す。（写真b〜d）
3 器に盛り、グラナパダーノをかける。

a

b

c

d

Chef's comment
鹿肉のソースには、鹿の骨で取るブロードを。鹿脂も加えてコクと旨みを深めることで、鹿の風味が際立ちます。

OTHERS

猪の雲白肉《ウンパイロウ》

大阪・西天満『Az/ ビーフン東』

天然の猪肉には赤身の風味、脂の甘みともに豚肉とは全く違う深みがある。同店では、仕留め方もさばき方も技術の高い生産者から仕入れる。バラ肉は真空包装してから、6時間かけて低温で火入れしておく。味の濃さを活かし、ごくごく薄くスライスしてウンパイロウに。薬味たっぷりのタレと野菜を猪肉で巻いて食べてもらう。

a

b

c

売価：1300円
原価率：30～35%
部位：猪バラ

材料　仕込み量

猪バラ肉（固まり）… 500g

タレ

- ニラ（みじん切り）… 200g
- 白ねぎ（みじん切り）… 大さじ2
- 生姜（みじん切り）… 小さじ2
- ニンニク（みじん切り）… 小さじ1
- 醤油 … 大さじ1.5
- 酢 … 小さじ2
- 紅腐乳 … 大さじ1
- 花椒粉 … 小さじ1/2
- ラー油、ごま油 … 各適量

仕上げ用

猪バラ肉（蒸したもの）… 60g
タレ … 適量
王ねぎ、胡瓜、茗荷、黄パプリカ … 各適量

仕込み

[猪バラ肉]

1 猪バラ肉は固まりのまま真空包装し、75°Cのスチームコンベクションオーブンで6時間ほど蒸す。
2 冷ましてから冷蔵保存しておく。

POINT　猪肉は岐阜産。檻で捕獲したものに限定して仕入れる。

[タレ]

タレの材料をすべて混ぜ合わせる。（写真a）

仕上げ

1 蒸した猪バラ肉を薄くスライスし、バットに並べてラップをかけ、75°Cのスチームコンベクションオーブンに入れ、さっと温める。（写真b・c）
2 薄くスライスした玉ねぎ、胡瓜、茗荷、黄パプリカを器に盛り、①の猪肉をのせ、タレをかける。

イベリコ豚のローストポークとじゃが芋

大阪・本町『gastroteka bimendi』

手軽に食べられる肉の加工品を使ったつまみは同店でも人気。じゃが芋とピンチョスにした加熱ハムはスペイン産で香りのいいイベリコ豚をローストしたもの。味が強く、じゃが芋をおいしく食べさせるには最適と選んだ。じゃが芋が水っぽいと味がぼやけるので、オーブンで水気を飛ばしてから串に刺す。

Chef's comment

ハモン・セラーノも試しましたが、より味が濃い加熱ハムのほうがしっくりしました。燻製の香り高いパプリカパウダーとも合います。

売価：700円　原価率：30%　部位：ハム

材料

イベリコ豚ローストポークハム（スライス）… 4枚
じゃが芋（新メークイン）… 1個
鶏のブイヨン … 適量
塩 … 適量
EXV オリーブオイル … 適量
パプリカパウダー（燻製をかけたもの）… 適量

作り方

1. イベリコ豚のローストハムはスライサーでスライスする。（写真 a）
2. じゃが芋は皮をむいて4等分し、鶏のブイヨンと塩で炊く。（写真 b）
3. ②のじゃが芋をバットに並べてオーブンに入れ、表面を乾かす。（写真 c）
4. じゃが芋にスライスしたハムを重ね、串を刺し、器に盛る。EXV オリーブオイルを回しかけ、パプリカパウダーをふる。（写真 d）

a

b

c

d

POINT
・イベリコ豚のローストポークハムはスペイン産を使用。
・パプリカパウダーは燻製をかけて作るタイプのもの。

豚もつのソーセージを挟んで焼いた ジャガイモのガレット

神奈川・横浜『restaurant Artisan』

豚モツのソーセージをじゃが芋で包んでガレットに。ソーセージはモツの香りがしっかりとあるフランス産を使用。パリパリに揚げ焼きにしたじゃが芋の香ばしさ、ソーセージの個性的な味わいに合わせ、ソースはマスタードのソースに。客席で熱々を切り分ける演出でビストロ料理の格を一段高めている。

売価：2200円　原価率35%　部位：ソーセージ

材料／1皿分

豚モツのソーセージ … 1本
じゃが芋（大）… 2と1/2個
塩、胡椒 … 各適量
コーンスターチ … 適量
オリーブオイル … 適量
バター … 適量
●マスタードのクリームソース
白ワイン … 適量
フォンドヴォー…適量
生クリーム … 適量
バター … 適量
粒マスタード … 適量
玉ねぎとケッパーのシェリービネガー漬け … 適量
パセリアッシェ … 適量

作り方

1. じゃが芋はスライサーでスライスしてせん切りにし、塩、胡椒してなじませ、コーンスターチをまぶす。キッチンペーパーの上に広げて水気を取り、さらにきっちり絞る。（写真a）
2. 豚モツのソーセージは一口大に切る。
3. 小さなフライパンにオリーブオイルをひき、①の半量を広げ、ソーセージをのせ、残りの①をかぶせて形を整える。（写真b）
4. フライパンの縁からオリーブオイルを回しかけ、カットしたバターを上にのせ、300℃のオーブンに入れ、13～14分揚げ焼きにする。（写真c・d）
5. 表面に焼き色がついてきたら、いったん油を捨てて裏に返し、再度オリーブオイルをかけ、バターをのせ、オーブンで約5分焼く。（写真e）
6. 焼いている間にソースを作る。白ワインとフォンドヴォーを合わせて鍋に入れ、濃度が出るまで煮つめ、生クリームを混ぜ込む。玉ねぎとケッパーのシェリービネガー漬け、粒マスタードを順に混ぜ合わせ、バターでモンテし、パセリを混ぜる。（写真f・g）
7. 焼き上がったガレットとソースをトレーにのせ、客席へ。客席でカットして器に盛り、ソースをかけて提供する。

POINT

・じゃが芋同士がつながるように水洗いせず、コーンスターチを手でまぶす。
・ソースの白ワインとフォンドヴォーは生クリームに負けないようしっかり煮つめる。粒マスタードを加えてから火を入れすぎると辛味や香りが飛んでしまうので注意。
・玉ねぎとケッパーは刻んでシェリービネガーに漬けておき、風味付けや薬味に使用する。

a

b

c

d

e

f

g

Chef's comment

豚モツのソーセージは、クセや臭みがあるくらいがお酒を呑むにはちょうどいい。店では日本よりクセのあるフランスのものを使います。

ハンペンチーズハムカツ

東京・三軒茶屋『コマル』

a

b

c

d

売価：400 円　原価率：22%
部位：ハム

ハンペンチーズ＋ハムコツの融合。ハンペンをチーズでくるみ、さらにハムで包んで衣をつけて揚げる。さらに揚げ物＋中濃ソースと間違いのない組み合わせで、ビールやサワーなどとの相性も抜群。街角で食べるコロッケのように紙で包み、手で持って食べてもらう演出もまた楽しい。

材料／1皿分

ハンペン … 1/4 枚
スライスチーズ … 1枚
ロースハム … 2枚
黒胡椒 … 適量
卵、薄力粉 … 各適量
生パン粉 … 適量
揚げ油 … 適量
中濃ソース … 適量
パセリ … 適量

仕込み

1 ハンペンを4つに切り、スライスチーズで包み、ロースハムの上にのせて黒胡椒をふる。もう1枚のハムを重ね、手でよく押さえる。（写真 a・b）
2 卵に薄力粉を加えてよく混ぜ、①をくぐらせ、生パン粉をつける。（写真 c）
3 形をなじませるため、ラップでぴっちりと包み、冷蔵庫で保管する。（写真 d）

POINT　ハムが離れないよう衣はハムとハムの間にもがくっつくように、パン粉は側面にもしっかりつける。これを営業までラップで包んでおくことで形が落ち着く。

仕上げ

1 175～180℃の油で衣がカリッとなるまで揚げ、油を切る。
2 半分に切って中濃ソースをかけ、紙の袋に入れてパセリをふる。

ゴルゴンゾーラのハムカツ

東京・六本木『ぬる燗 佐藤』

酒場に欠かせないメニューの一つ、ハムカツ。ハムをパン粉で揚げるだけでもビールやハイボールなど、シュワッと炭酸系ドリンクにマッチするが、同店ではハムの間にブルーチーズを挟む。青カビチーズの強烈な塩味や香りがクセになり、旨味があり、個性的な日本酒との相性がぐっと高まる。

売価：800円　原価率：25%　部位：ハム

材料／1皿分

ロースハム（8mm厚さ）… 2枚
ゴルゴンゾーラ … 10g
小麦粉、天ぷら衣、生パン粉 … 各適量
サラダ油 … 適量
グリーンサラダ（フリルレタス、ベビーリーフ、水菜）… 適量
おろし醤油ドレッシング … 適量
フルール・ド・セル … 適量

作り方

1 ロースハムは8mm厚さ程度にスライスする。
2 ハム1枚の中心にゴルゴンゾーラをのせてのばし、もう1枚を重ね、手で押して落ち着かせる。（写真a）
3 ②の全体に小麦粉を刷毛で薄くのばし、天ぷら衣をくぐらせ、生パン粉をつける。（写真b～c）
4 180℃に熱したサラダ油に③を入れ、衣をカラリと揚げ、4つに切る。
5 器にグリーンサラダ、④を盛る。サラダにおろし醤油ドレッシングをかけ、フルール・ド・セルを添える。

a

b

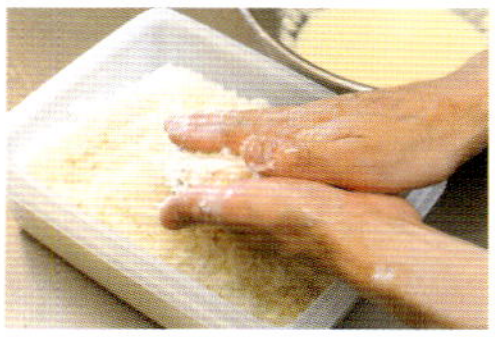
c

POINT　衣がはがれないよう側面にも天ぷら衣をくぐらせ、生パン粉を手で押してつける。

Chef's comment

ゴルゴンゾーラの味が強いので、すっきりとした酒よりしっかりと旨みのある酒を冷酒ですすめます。

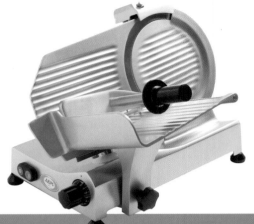

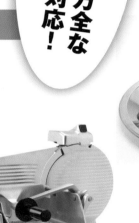

SHOPS

大阪・西天満

Az/ビーフン東

アズー／ビーフンアズマ

辛さ、甘さを抑えてスパイスを多用。ワインを飲ませるための中華を創作

中華ビストロの先駆けとして知られる『Az』。ビル1階には『chi-fu』、2階には『AUBE』と展開するオーナー・東浩司氏は、生産者と密に信頼を築いて仕入れる食材、ソムリエチームが厳選するワインを、様々な形態で楽しませる。その中で『Az』は、アラカルト主体のカジュアルなスタイルで、独創性あふれる料理を提供。クラシカルな広東料理店で研鑽を積んだ料理長の畑野亮太氏はワインの勉強もしたいと、同店へ。「日本人がおいしいと思う中華を作りたい」と、伝統的な中華の味よりも辛さも甘さも控えて優しく、その分、スパイスを利かせてワインに合わせた料理を作り出す。

料理長　畑野亮太 氏

Chef's menu

- のざき牛のスパイス炒め（→ P.18）
- ツブ貝の担々焼売（→ P.66）
- 回鍋肉 Az スタイル（→ P.80）
- 鶏の唐揚げ（四川唐辛子とスパイス炒め）（→ P.150）
- 猪の雲白肉（ウンパイロウ）（→ P.184）

セラーには1000本近くのワインを在庫。試飲会にこまめに足を運び、クラシックなワインから自然派ワインと各種揃える。他店では見かけないマグナムボトルも、寝かせて使うと酸味やタンニンの尖りが落ち着いて違った味わいをお客に楽しんでもらえるとおすすめする。グラスは900円〜、ボトルは4000円〜。

SHOP DATA

住所／大阪府大阪市北区西天満 4-4-8 B1F
電話／06-6940-0617
営業時間／18:00 〜 21:00（フード L.O.）
21:30（ドリンク L.O.）
※ビーフン東 11:30 〜 13:30(L.O.)
定休日／日曜日、祝日（不定休）
客単価／6500 〜 7000 円

東京・池尻大橋

wine bistro apti.

ワインビストロ　アプティ

伝統のビストロ料理を、繊細な技術を重ねてダイナミックに提供する

1996年開業の老舗ビストロ。カスレやクスクス、シャルキュトリーとパリのビストロそのままに、上質なワインとともに提供する安定感に大人客に愛され続ける。シェフを務める登坂悠太氏は、『レストランラマージュ』で修業後、渡仏。フランスで研鑽を積み、帰国後、さらに都内有名店で経験を積んで、同店のシェフに。モダンとは一線を画し、「あの料理を食べるために店に来る」という明確なイメージのもと、たっぷりと食べ応えがあり、記憶に残る一皿を作る。それぞれの皿は2～3人で楽しめるボリューム。それだけでなく、幾重にも重なる仕込みの技で、どこを切り取ってもおいしい料理を提供する。

シェフ　登坂悠太 氏

ワインはボトル4000円台～6000円台を中心に140種類。グラスも700円台～クラシックから自然派まで楽しめる。カジュアルなワインだけでなく、オーナーの八木聡氏が厳選する希少なハイクラスのワインも揃い、多くのワイン好きを集めている。

Chef's menu

- 関村牧場あか毛和牛もも肉のロースト ソースボルドレイズ (→ P.16)
- 田舎風ブーダンノワールのテリーヌ (→ P.110)
- フォアグラ入り美食家のパテ (→ P.113)
- 仔羊のクスクス (→ P.122)
- 鶏レバームース　(→ P.166)
- 鴨のニンフィと自家製ソーセージのカッスーレ (→ P.178)

SHOP DATA

住所／東京都世田谷区池尻3-19-16 伊丹マンション1F
電話／03-3413-5133
営業時間／火～土 18:00～25:00(L.O.23:30)、日・祝日 18:00～24:00(L.O.23:00)
定休日／月曜日、第1日曜日
客単価／5000～6000円

神奈川・横浜

restaurant Artisan

レストラン　アルティザン

香ばしく焼き上げた肉の味わいを 濃厚ソースやワインで楽しませる

フランスでの修業時代に出会った、街場のビストロで食べた日常使いの料理が原点。オーナーシェフの佐藤剛氏は、2010年『brasserie Artisan』、2014年『rotisserie Artisan』とカジュアルフレンチの店で着実に足場を築き、さらなる高みを目指して『restaurant Artisan』をオープンした。日常使いよりもハレの場にふさわしい店構えであっても、佐藤氏の力強い料理のテイストはそのままだ。何といっても溶岩石でシンプルに焼き上げる肉に、クラシックなソースに意外性のある食材で変化をつけてくる複雑味が魅力。客前で行われるサーブや、料理に合わせてグラスで楽しめるワインなどサービスにも定評がある。

オーナーシェフ　佐藤　剛 氏

フランスを中心に約60種類揃えるワインは生産者の顔が見える中小規模のワイナリーを意識し、3分の1は自然派ワイン。黒板ですすめるグラスワインは白・赤・スパークリング12種類あり、バイザグラスで楽しむお客が多い。ボトルは5000円前後〜3万円のハイクラスまで。

Chef's menu

- 牛リブロース ゴボウのマデラ酒煮 (→ P.10)
- ウッドプランクステーキ(→ P.12)
- 黒毛和牛とウニのタルタルステーキ (→ P.14)
- フランス産仔牛レバーのソテー 栗のハチミツソース (→ P.22)
- アルティザン　モツの煮込み (→ P.50)
- 豚もつのソーセージを挟んで焼いたジャガイモのガレット (→ P.186)

SHOP DATA

住所／神奈川県横浜市中区日本大通36 シティタワー横濱2F
電話／045-228-8189
営業時間／11:30〜15:30 (14:00最終入店)、17:30 〜 23:30 (21:30 最終入店)
定休日／月曜日のディナー・火曜日（祝日の場合は変動あり）
客単価／昼4000円、夜8000円

東京・神宮前

モツ酒場　kogane

モツサカバ　コガネ

モツ酒場の名の通り、新鮮なモツを使ったつまみと純米酒に特化した燗酒、日本のナチュラルワインを楽しませる居酒屋として2019年４月にオープンしたばかり。母体は都内にカジュアルイタリアンを３店舗展開する株式会社コローリ。だから、総料理長の山口高志氏はもとより、同店の料理を担う半田和也氏のベースにはイタリア料理がある。そうしたイタリアンの調味料使いや調理法に、和の要素を取り入れて“１杯だけでも立ち寄れる”気楽な居酒屋メニューへと落とし込む。その加減がまた絶妙で、居酒屋のモツ煮、モツ焼きとは一線を画す洗練されたモツつまみを、なめらかな口当たりの燗酒に合わせる。

イタリアンの感性で作り出す 燗酒、ワインをすすめるモツつまみ

総料理長　山口高志 氏　　料理長　半田和也 氏

純米酒を30～40種類、日本の自然派ワイン約40本を常備。ハウスワインはイタリアワイン。温度の変化を楽しんでもらいたいと日本酒は1合（800～1200円）で提供する。カウンター内で酒に合わせた温度帯やお客の好みの温度帯で燗をつける。

Chef's menu

- 牛タン西京味噌焼き（→ P.24）
- 白センマイとクルミのサラダ（→ P.44）
- 牛ハツのタタキとパクチーのヤム風サラダ（→ P.45）
- 谷中生姜の牛タン巻き（→ P.48）
- リードヴォーとトウモロコシのかき揚げ（→ P.49）
- ランプレドット（フィレンツェ風もつ煮込み）（→ P.52）
- ブーダンブラン(白いソーセージ)（→ P.108）

SHOP DATA

住所／東京都渋谷区神宮前3-42-15 メグビル1F
電話／03-6271-4953
営業時間／月～金 17:00～26:00、土・日・祝日 15:00～24:00
定休日／無休
客単価／4000円

東京・三軒茶屋

コマル

コマル

大衆居酒屋メニューを“コマル”流にアレンジ。行き過ぎない感が魅力

三軒茶屋で大人気の『三茶呑場マルコ』系列の大衆酒場。角打ちさながらキャッシュオンの立ち呑みスタイルの店に、わざわざお客が電車に乗ってやってくる。しかも20名ほど入る店内は常にギュウギュウと混んでいる。目当ては料理長の三木達也氏が作る、誰もが知っている大衆居酒屋メニューであるのにどこにもない、「行き過ぎない、少しだけ違う」ことを意識した料理の数々だ。スペイン居酒屋やおでん居酒屋などを経験し、居酒屋の勘所を知る三木氏の尖りすぎないアレンジが、円形カウンターに陣取り、気楽に酒と楽しむスタイルに見事にはまっている。

料理長　三木達也 氏

大型冷蔵庫の中には値段の書かれた一升瓶の日本酒やワイン、クラフトビールなどがズラリ。日本酒の人気が高く、人気銘柄から通好みの銘柄まで約40種類を揃える。1合700～900円。お客が自分で選んで持ち出し、スタッフが注ぐ。レモンサワーや豆乳酎ハイなど割りものも人気。

Chef's menu

- 牛肉と竹の子のすき焼天プラ（→ P.31）
- 彩り野菜と角煮の甘酢和え（→ P.61）
- 焼ナスの豚しょうが煮おろし（→ P.62）
- 地鶏とイカシソの焼売（→ P.160）
- 地鶏と椎茸の焼売（→ P.160）
- 純レバーのニラレバ串（→ P.165）
- ハンペンチーズハムカツ（→ P.188）

SHOP DATA

住所／東京都世田谷区太子堂5丁目15-12
電話／03-6804-0503
営業時間／月～金 18:00～翌2:00、土 17:30～翌2:00、日・祝日 17:30～23:00
定休日／不定休
客単価／3000～4000円

東京・渋谷

酒井商会

サカイショウカイ

和食に寄り添うワインや日本酒を提案し、酒呑みの楽しみを広げる

居酒屋の名店で経験を積んだ店主が作り出すしみじみと味わい深い料理と、料理に合わせて供されるナチュラルワインと日本酒が評判で、2018年4月オープンのまだ若い店でありながら、すでに名店の風格。見せることを意識したカウンターから繰り出される料理は、仕込みから丁寧に素材の持ち味を引き出していく本格和食で、どれもが食材の滋味に満ちている。その食材も店主の地元・福岡をはじめ、看板メニューの唐揚げには佐賀のみつせ鶏、牛肉には尾崎牛を使用するなど厳選する。生胡椒や山椒、三年熟成の酒粕、ドライトマトなど主役を引き立てる脇役まできめ細かく目を配り、味を作り上げる。

店主　酒井芙彰 氏

Chef's menu

・和牛コンビーフ（→ P.32）
・牛すじ（→ P.34）
・牛肉とごぼう、ドライトマトのきんぴら（→ P.35）
・角煮と酒粕とブルーチーズ（→ P.60）
・みつせ鶏唐揚げ（→ P.144）
・鶏だし五目茶碗蒸し（→ P.172）

ワインはペティアンから料理に寄り添う白ワインやロゼ、個性的なオレンジワインや赤ワインなど様々な国のナチュラルワインをセレクト。グラスは6〜7種類900円〜、ボトルは5400円〜。日本酒は10蔵の酒で揃え、冷酒やお燗など酒に合った温度帯で提供する。1合900円〜。

SHOP DATA

住所／東京都渋谷区渋谷3丁目6-18 荻津ビル2F
電話／070-4470-7621
営業時間／月〜金 16:00〜24:00 (23:00 L.O.)、土 14:00〜21:00 (20:00 L.C.)
定休日／日曜日
客単価／7000〜8000円

東京・六本木

ぬる燗 佐藤

ヌルカン　サトウ

5℃～55℃と温度によって繊細に変わる日本酒の魅力を伝えていく

料理長　牧島弘次 氏

お燗と言ってもぬる燗、熱燗だけではなく、もっと繊細な温度帯で変わる日本酒のお燗の魅力をお客に伝える『ぬる燗佐藤』。お客の好みや酒の個性に合わせて燗をつけ、一人用のかんすけにちろりを組み込み、温度を保ちながらゆっくり味わってもらう。この日本酒に、日本料理一筋に経験を積んだ料理長の牧島弘次氏は鮮魚のお造りやお椀、焼き物など本格和食を用意する。肉の料理も和牛や大山鶏など、上質な素材の持ち味を活かすよう手をかけすぎず焼き物や揚げ物に仕立てる。焼き物はカウンター内に設置した炭火でじっくり焼き上げ、香ばしい香りもご馳走とする。

Chef's menu

- 三元豚粕味噌焼き（→ P.67）
- 大山鶏の柚子塩焼き（→ P.156）
- 青ネギたっぷり大山鶏パリパリ天ぷら（→ P.157）
- 鶏つくね磯辺タレ焼き（→ P.158）
- ゴルゴンゾーラのハムカツ（→ P.189）

全国の蔵から集めた100種類強の日本酒を取り揃える。いろいろな種類を少しずつ飲みたいというお客の要望に応え、ちょい飲み（90㎖）500円～用意するほか、蔵元別、本醸造、純米酒といった括りで3種類が飲み比べできるセットも。1合1000円～。温度帯は11段階に分かれ、通常はおすすめの温度で提供する。

SHOP DATA

住所／東京都港区六本木7-17-12 六本木ビジネスアパートメンツ1F
電話／03-3405-4050
営業時間／17:00～23:30（L.O.22:30）
定休日／日曜日
客単価／8000～9000円

東京・神楽坂

jiubar

ジュウバー

スパイスや香辛料で香りや辛味、刺激を強めて酒との相性を高める

神楽坂の雑居ビルの３階。マンションの一室を改装した店舗は、看板もおかず、まさに隠れ家バーの趣き。にもかかわらず、連日満席の人気を誇るのは、酒を呑ませることをテーマに開発した中華の味にある。同店は中華の名店『希須林』が新しくバー業態を作りたいと2017年にオープンした。マネージャーの川上武美氏は、希須林の軽井沢店で料理長を務めたのち、同店の立ち上げから参加した。オープンにあたり、「手作り感のある酒と、その酒が飲みたくなる中華」をテーマに、香りや刺激、辛味をプラスしたり、いらない甘さを排除したりと独自の中華を作り出している。

マネージャー　川上武美 氏

Chef's menu

- ジュウバーの肉団子（→ P.72）
- 酢豚（→ P.74）
- 自家製 焼豚（チャーシュー）（→ P.76）
- 春キャベツの回鍋肉（→ P.78）
- レバニラ（→ P.84）
- モツの麻辣煮込み（→ P.86）
- 豚肉屋のナポリタン（→ P.92）

クラフトビールやクラフトジン、ウィスキー、自然派ワインなどを中心に揃える。スモーキーなアイラウィスキー「ラフロイグ」やアメリカのクラフトビール「シエラネバダ」などを定番に揃える。ウィスキーやジンはソーダ割も人気。ウィスキーは680円～、ジンは980円～。

SHOP DATA

住所／東京都新宿区神楽坂2-12 神楽坂ビル３階
電話／03-6265-0846
営業時間／17:00 ～ 25:00(L.O.24:00)
定休日／日曜日・祝日
客単価／5000 ～ 6000円

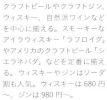

東京・神楽坂

十六公厘

ジュウロクミリ

自身がおいしいと思う“中華つまみ”を ビールやサワーに 気取りなく合わせたい

飲酒が絶対条件。グループでも一人でも飲めないお客がいると入店不可という徹底ぶり。食べるだけでなく、食べて飲んでほしいと、自身が好きなビールやハイボール、サワーなど泡の酒に合う料理を2012年のオープン当初から提供する。店名の由来ともなった粗挽きの肉で作る腸詰やシューマイなど、この店に来たら味わいたいと思わせる肉の看板メニューが多数ある。店主の佐藤洋氏は『希須林』各店の料理長として20年以上腕をふるい、独立。自家製調味料を重ねて作り出す濃厚味、サクサクとした食感、たっぷりの薬味と、どれも酒がほしくなる要素を積み重ね、中華つまみを作り出す。

店主　佐藤　洋 氏

Chef's menu

- 肉みそ豆腐（→ P.28）
- 肉玉（→ P.30）
- 自家製腸詰（→ P.64）
- 厚切り豚唐揚げ にんにくソース（→ P.68）
- レバみそ炒め（→ P.82）
- 豚タン冷菜ねぎソース（→ P.104）
- チキン南蛮（→ P.146）
- 砂肝ガーリック（→ P.152）

プレミアムモルツ600円、かめ出し紹興酒500円、霧島ハイボール（芋焼酎）600円など、アルコールのアイテムは少数精鋭。ウォッカに漬け込んだ生姜やレモンで作る、ジンジャーソーダ500円、おとなのレモンサワー500円など甘くないサワーも人気。もちろん、ノンアルコールは置いていない。

SHOP DATA

住所／東京都新宿区横寺町37
電話／03-6457-5632
営業時間／月～土 18:00～翌1:00（L.O.24:00）、日・祝日 15:00～22:00（L.O.21:00）
定休日／不定休
客単価／3000～4000円

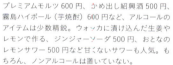

埼玉・ふじみ野

Pizzeria 26

ピッツエリア　ニーム

駅から離れた住宅街の一角に、古い民家を改造した風通しのよい空間のピッツエリア。この地でシェフの米井司氏とソムリエの河合淳世氏が店をオープンしたのは2008年。すでに10年を超え、繊細で色彩豊かな料理と個性あふれるナチュラルワインの豊富さで、地元客を中心に多くのファンを摑んでいる。肉の料理では、どっしりとした炭火焼きの料理も、軽やかな内臓肉のゼリー寄せなども、酸味と濃厚味、スパイスの香りと野菜の甘さと「2種類のソースを対比せる」ことで味に変化をつけるものが多い。これがまた鮮やかな色彩感につながっている。アラカルトだけでなく、アミューズにはじまるコース料理も人気。

自然派ワインのように多彩な色彩と味わいに満ちたイタリアンを創出

オーナーシェフ　米井　司 氏　　ソムリエール　河合淳世 氏

イタリアやフランス、日本を中心にワインは自然派の造り手によるもの。ローヌのヴァランタン・ヴァルスやラングドックを代表するレオン・バラルなど、個性にあふれながら身体になじむワインがボトル4000～7000円台で楽しめる。飲み頃のワインはバイザグラスでも提供する。

Chef's menu

- トリッパとパクチーのサラダ(→ P.42)
- サルシッチャ・リモーネ(→ P.97)
- アミューズ・ミスト(チチャロン・豚煮こごりのグジェール・そら豆のダックワーズ)(→ P.100)
- ソプレッサータ(豚のゼリー寄せ)(→ P.102)
- 仔羊モモ肉のロースト(→ P.120)
- 鶏モモと椎茸、鰯のパイ包み(→ P.162)

SHOP DATA

住所／埼玉県ふじみ野市市沢 3-4-22
電話／049-236-4660
営業時間／11:30～15:00、18:00～23:00
定休日／火曜日
客単価／3000～4000円

大阪・本町

gastroteka bimendi

ガストロテカ　ビメンディ

地ワインやシードル片手に楽しむ ハイレベルなピンチョスやタパス

店名のガストロテカは美食空間、ビメンディは二つの山を意味するスペインバスクバル。道を挟んで真向かいのスペイン料理の『エチョラ』は系列店で、毎年スペインで研修を重ねるシェフの清水和博氏はどちらの店も行き来し、ふり幅の広い料理を展開する。ビメンディでは独創性の高いピンチョスを種類豊富に提供する。とはいえ、気楽にワイワイと楽しむのがスペインバルの真骨頂。そのためのつまみメニューとして「一体感を大事に」、多彩なピンチョスやタパスで楽しませる。ピンチョス７品を組み込んだおまかせピンチョスコース（3500円）も人気でお客の６割が注文する。

料理長　清水和博 氏

バスクの微発泡ワイン「チャコリ」やシードル、スペイン産の生ビール「エストレージャ・ガリシア」、サングリアなど軽やかなドリンクを黒板メニューでもすすめる。スペインワインはボトル 3500円～、グラス 600円～。ピンチョス1品にアルコール1杯と本場さながらのバル利用のお客も多い。

Chef's menu

- 牛テールのハンバーガー（→ P.26）
- 羊のフリット　藁の風味のベシャメルソース（→ P.126）
- モルーノのフライドチキン（→ P.148）
- フォアグラのエスプーマと豚のリエットのカップ（→ P.174）
- 鴨のロースト　じゃが芋　オレンジ（→ P.181）
- イベリコ豚のローストポークとじゃが芋（→ P.185）

SHOP DATA

住所／大阪府大阪市西区靭本町 1-5-9 ボヌールエイワ 1F
電話／06-6479-1506
営業時間／11:30 ～ 24:00
定休日／日曜日
客単価／6000 ～ 7000円

東京・西小山

fujimi do 243

フジミドウ

イタリアンホルモン×ロゼワイン！ 1皿1皿計算し尽くした味で魅了する

この店に行き着くまでのハードルは高い。何しろ電話がないから。電話で仕事を中断されたくないという考えのもと電話は置かない。オーナーシェフの渡邊マリコ氏と片腕の中野綾子氏は、その集中の中できめ細かできれいな味わいのモツの料理を創出する。渡邊氏はイタリアンやワインバーで修業を積み、11年前にはイタリア料理店も経営した。そうした経験を活かし、2018年に同店をオープンする際には、もともと興味のあったホルモンをメインに、さらに合わせるワインもロゼワインに特化。カウンターとスタンドのゆるやかな空間ながら緻密に構築された料理と酒で大人の一人客にも支持される。

オーナーシェフ　渡邊マリコ 氏

ハウスワインは京都の丹波ワイン「てぐみマスカット・ベーリーA」。生詰めで造るワインで果実味や酵母の香りが豊かで、濁りや自然な発泡の喉ごしも魅力。グラスで700円、ボトルで3500円とコスパも抜群。ボトルで3000円台～7000円台と日常的な価格帯のナチュールのロゼを仕入れる。

Chef's menu

- 牛ハツのタリアータ　手巻きサラダ（→ P.40）
- ハチノスのカルパッチョ風（→ P.46）
- 豚舌（トンタン）のカツレツ（→ P.70）
- ピーチ、自家製サルシッチャとブロッコリーのソース（→ P.94）
- fujimi 丼 243（トロトロ塩豚煮＆味たまご　フキミソ添え）（→ P.98）
- 焼きせせりと湘南ごぼうのリゾット　甘夏のソース（→ P.154）

SHOP DATA

住所／東京都目黒区原町 1-3-15
電話／なし
営業時間／火～金 12:00～15:00(L.O.14:30)、18:00～22:00(L.O.21:30)
土・日 13:00～20:00(L.O.19:30)
定休日／月曜日
客単価／3000～4000円

東京・学芸大学

听屋焼肉

ポンドヤヤキニク

黒毛和牛の切り落としやスジで作る肉つまみで、１人呑みも楽しい焼肉

商品開発部部長　武田淳也 氏

ガラス張りの店内は女性客でも一人で入りやすいお洒落な空間。『听屋焼肉』は上質なＡ５クラスの黒毛和牛はもとより、“焼肉×自然派フイン”の店として焼肉の新たな楽しみ方を提案する。長く大手外食産業で商品開発に携わってきた武田淳也氏は焼肉には取れない部分を活用し、前菜メニューやつまみメニューを考案。生春巻きや唐揚げや餃子、トマト煮込みなど、焼肉店ではめずらしい料理を組み込むことで、ワイン客を摑んでいる。さらには、焼肉にはない味が口替わりともなり、焼肉の合間の注文を誘う。肉の掃除で出るスジはゆっくり煮出して牛だしに。この旨み深いスープや煮込みも人気。

ナチュールワインの魅力を広めようと、リストで生産者や醸造法を紹介。牛肉には赤というイメージが強いため、赤に比重を置いて 30 種類。ボトル 3800 円～、グラス 700 円。エスプーマで泡を作るレモンサワー（650 円）、飲み比べができるクラフトビール（4 種 800 円）などドリンクにも力を注ぐ。

Chef's menu

- 黒毛和牛の唐揚げ（→ P.36）
- 黒毛和牛餃子（→ P.37）
- 霜降り牛の生春巻き（→ P.38）
- あったかい牛すじポン酢（→ P.47）
- 牛タンと白インゲン豆のトマト煮（→ P.54）
- クッパ風辛い雑炊（→ P.58）

SHOP DATA

住所／東京都目黒区鷹番3-8-11
電話／ 03-6451-0732
営業時間／月～金・祝前日 17:00 ～ 23:00（L.O. 22:30）、土・日・祝日 16:00 ～ 23:00（L.O. 22:30）
定休日／不定休
客単価／ 6000 ～ 8000 円

東京・御徒町

羊香味坊

ヤンシャンアジボウ

スパイスとマリネの技で、一頭買いする羊肉を使い切る

東京・神田の大繁盛店『味坊』の姉妹店。同じくオーナー梁宝璋氏の出身地・中国東北地方の羊肉料理と自然派ワインの店だが、こちらはとにかく羊に特化し、一頭買いするラムの様々な部位を様々な料理で味わわせる。そしてこちらも大繁盛。店内は羊の香りに満ち、厨房には本場のスタッフが手際よく鍋をふり、声高に話すお客の活気。「ラム肉を食べる人が増えてきた」という一面もあるが、肉をやわらかく、臭みを抜くマリネの手法やラムの風味に合うスパイスや調味料使いなど、クセがある素材だからこそおいしくする技術で、多くのファンを摑んでいるのだ。

オーナー　梁　宝璋 氏　　総料理長　張　子謙 氏

ボトルワインはお客自ら冷蔵庫から選ぶシステム。2500円、3500円、5000円と三段階の値付けで、ボトルに金額が書かれている。自然派に強いインポーターや問屋から仕入れるワインは約60種類。グラスワインは赤白500円。串焼きに使うスパイスをふりかけたトマトハイ700円や、ビールやサワーも人気。

Chef's menu

- 羊香水餃（ラム肉とパクチーの水餃子）（→ P.130）
- 烤羊背脊（ラムスペアリブ炭火焼き）（→ P.132）
- 口水羊（よだれラム）（→ P.134）
- 山椒羊肉（ラム肉炒め（山椒））（→ P.136）
- 葱爆羊肉（ラム肉と長葱の塩炒め）（→ P.137）
- 羊肉串（ラムショルダー串焼き）（→ P.138）
- 手扒羊肉（茹でラム肉）（→ P.139）

SHOP DATA

住所／東京都台東区上野3-12-6
電話／03-6803-0168
営業時間／月～金 11:30 ～ 22:30(L.O.)、土・日・祝日 13:00 ～ 22:30(L.O.)
定休日／無休
客単価／3000 ～ 4000円

東京・三軒茶屋

Bistro Rigole

ビストロ　リゴレ

フレンチの伝統をストリートフード の遊び心で、見たことのない料理に

肉まんやギョーザ、肉そば…と、料理名を見るだけでも、ユニークさが伝わってくる亀谷剛シェフの料理。料理人としてのスタートはフレンチの名店『スクレ・サレ』。フランスにも３年渡り、本場での経験を重ね、帰国してからは『スクレ・サレ』のシェフ、白金台の『ルカンケ』のスーシェフを経験し、2014年に独立した。そう、亀谷氏の料理はきっちりとクラシックだ。鴨のコンフィやシャルキュトリー、ブルゴーニュの郷土料理など、伝統的な料理や技術を手の内に隠し、あえてストリートフードの発想を取り入れて、見たことのないフレンチに作る。それが親しみやすさにも通じる。

シェフ　亀谷　剛 氏

Chef's menu

- 大山豚の熟成肉そば（→ P.90）
- モツ煮込みソーセージ(→ P.105)
- 豚頭肉のポテトサラダ(→ P.116)
- 仔羊のギョーザ（→ P.128）
- ホワイトレバーのオープンサンド（→ P.168）
- 鴨の肉まん（→ P.176）

スパークリングにロゼ、赤白6種類ずつと常時14種類のグラスワイン（700円～）を用意。クラシカルなワインも揃える。ナチュラルワインを中心に、ボトルは4000円台～とリーズナブルな価格帯。

SHOP DATA

住所／東京都世田谷区三軒茶屋 2-24-16
電話／ 03-3424-6177
営業時間／ランチ水～金 12:00 ～ 15:00(L.O.14:00)、土・日 12:00 ～ 15:00(L.O.14:00)
ディナー火～日 18:00 ～翌 1:00(L.O.24:00)
定休日／月曜日（火曜日不定休）
客単価／ 7000 ～ 8000 円

東京・茅場町

L' ottocento

ロットチェント

ド迫力の肉料理と新食感のパスタを イタリアのナチュラルワインで楽しむ

リストランテを展開するサローネグループが2016年にオープンしたオステリア。『サローネ』よりも気軽な雰囲気の中でワインと食事を楽しんでもらおうと、2～3人でシェアできる仔羊や豚肉のスネ肉を丸ごと使ったシチリアの郷土料理がスペシャリテ。さらに、ラーメン界で名を馳せる老舗製麺所「浅草開化楼」と開発したモチモチ食感の低加水パスタ・フレスカを看板にする。このパスタ目当てにランチタイムは32席が2回転以上。長年、『サローネ』で経験を積んだ同店のシェフ渡辺政彦氏は、じっくりと時間をかけて肉の旨味を引き出す火入れや煮込みの技で骨太の料理を作る。

シェフ　渡辺政彦 氏

Chef's menu

- ぶつ切りハラミのロースト（→ P.20）
- 牛タン Lemon（→ P.56）
- 巨大豚のトロトロ煮込み（→ P.88）
- 仔羊のしっとり焼き（→ P.140）
- 大人のレバーパテ（→ P.170）
- 鹿ラグー極太麺（→ P.182）

ワインは飲み疲れしない身体に染み入るようなイタリアの自然派を中心に取り揃える。料理とのペアリングを積極的に提案し、メニュー表には料理の隣におすすめのワインを紹介。グラスは1100～2000円程度で用意。ハーフサイズもあり、少しずついろいろ試せるのも魅力。

SHOP DATA

住所／東京都中央区日本橋小網町11-9 ザ・パークレックス小網町第2ビル1F
電話／03-6231-0831
営業時間／11:30～14:30(L.O.13:30)、17:30～22:30(L.O.21:30)
定休日／無休
客単価／6000～8000円

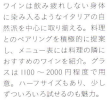

呑ませる肉料理

プロの技法＆レシピ 100 品

発行日　2019 年 7 月 26 日　初版発行

編者　旭屋出版編集部《あさひやしゅっぱんへんしゅうぶ》
発行者　早嶋　茂
発行所　株式会社 旭屋出版
〒160-0005
東京都新宿区愛住町 23-2 ベルックス新宿ビルII 6 階
TEL　03-5369-6423（販売）
03-5369-6424（編集）
FAX　03-5369-6431（販売）

旭屋出版ホームページ　http://www.asahiya-jp.com

郵便振替　00150-1-19572

デザイン　吉野晶子（Fast design office）
構成・編集・取材　駒井麻子
撮影　後藤弘行　曽我浩一郎（旭屋出版）
中村公洋　東谷幸一　三佐和 隆士　徳山喜行
編集　榎本総子

印刷・製本　株式会社シナノ

ISBN978-4-7511-1390-5　C2077

定価はカバーに表示してあります。
落丁本、乱丁本はお取り替えいたします。